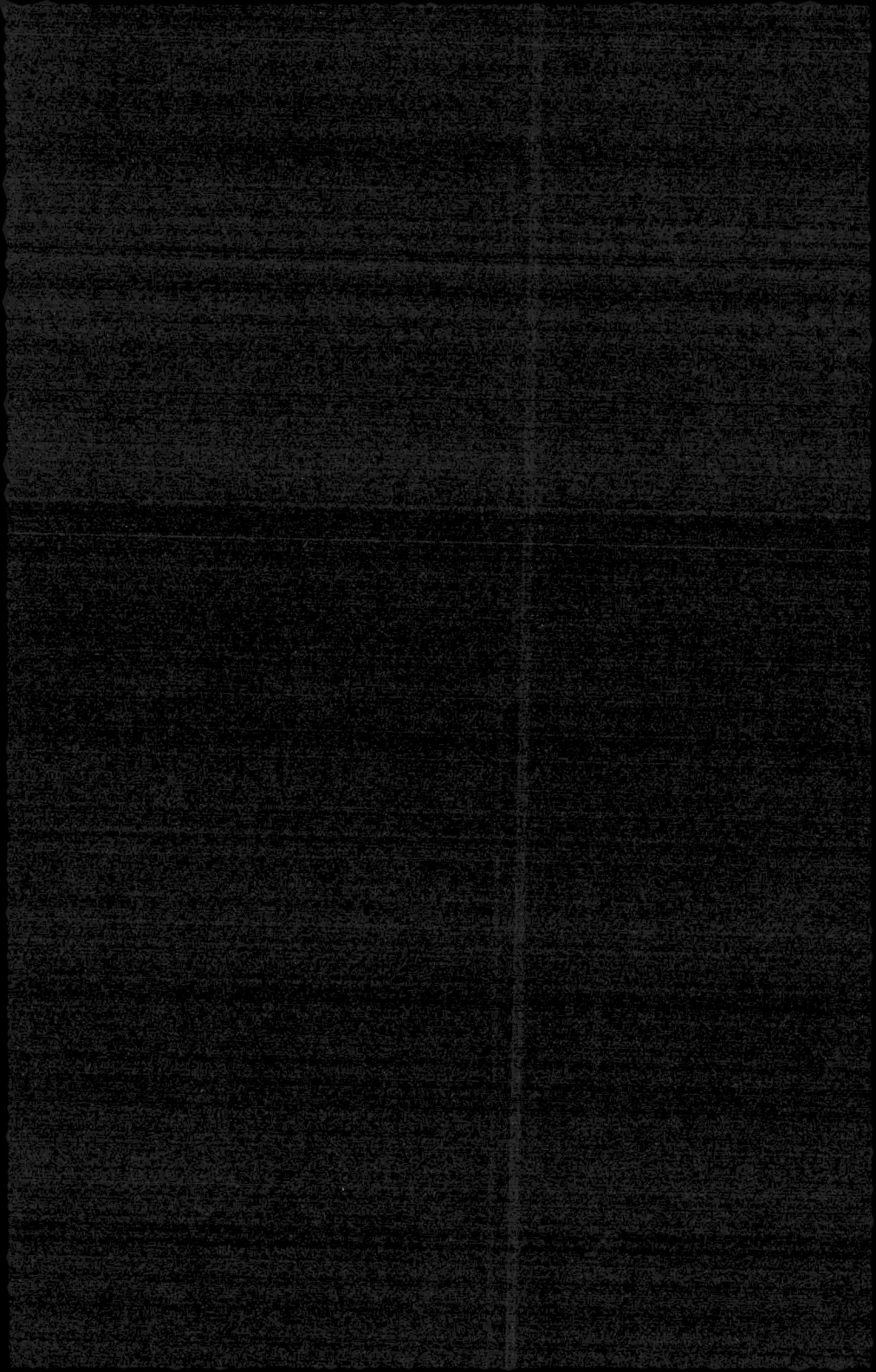

가야 하는 길

다니엘 김

가야 하는 길

하나님의 약속을 붙잡고
믿음으로 그 길을
걸어가는 순종의 사람

규장

프롤로그

"먼 훗날에 나는 어디에선가
한숨을 쉬며 이 이야기를 할 것입니다.
숲속에 두 갈래 길이 있었다고.
나는 사람이 적게 간 길을 택하였다고.
그리고 그 선택으로 인해 모든 것이 달라졌다고."

The Road Not Taken, Robert Frost

이번 코로나 사태가 시작될 때 나는 고민했다.
'이 기간을 나는 어떻게 살아내야 할 것인가?'
오래전 김구 선생께서 하셨던 말이 떠오른다.
"눈 덮인 들판을 걸어갈 때 함부로 어지럽게 걷지 마라. 오늘 내가 디딘 발자국은 언젠가 뒷사람의 길이 되리라."
세상은 혼란에 빠지고, 사회는 리듬이 깨지며, 사람들의 일상은 위축되어도 나는 주어진 이 시간을 주님 앞에서 바로 살아내고 싶었다. 그래서 나는 세계를 다니던 날개를 접고 모든 강단 사역을 일시 중단한 채 잠잠함 가운데서 내가 할 수 있는 일을 찾아냈다.

겨울이 서서히 그 모습을 감추고 다가오는 봄에 그 자리를 양보할 무렵, 나는 아무도 없는 공원에서 아브라함의 인생을 통하여 말씀하시는 주님의 음성에 귀를 기울이기 시작했다. 그의 삶을 통해 전해지는 메시지는 우렁찼다. "가야 하는 길이 있다!"는 외침이었다.

그렇다! 우리에게는 가야 하는 길이 있다. 그 길의 목적지는 우리의 본향이다. 살아 계신 아버지 하나님과 그 아들 예수 그리스도께서 계신 곳, 거룩하신 통치자의 왕국이다. 어린양의 피로 구속받은 모든 이들에게 허락되는 영원한 유업이다.

이 길은 하늘 잔치에 초대받은 자들에게만 허락되는 여정이다.

> 나를 보내신 아버지께서 이끌지 아니하시면 아무도 내게 올 수 없으니 오는 그를 내가 마지막 날에 다시 살리리라 요 6:44

이 길은 가고 싶다고 가는 길이 아니요, 가기 싫다고 포기할 수 있는 길도 아니라는 뜻이다. "하나님을 사랑하는 자 곧 그의 뜻대로 부르심을 입은"(롬 8:28) 자라면 반드시 가야만 하는 길이다. 예수 그리스도를 진정 사랑한다면 어찌 그분의 영원한 품을 사모하지 않을 수 있겠는가? 아버지 하나님을 참으로 예배하기를 원한다면 어찌 그분을 향한 완전한 예배를 갈망하지 않을 수 있겠는가?

성도(聖徒)란 이 길을 가는 사람들을 칭하는 표현이다. 일반적으로 교회에 다니기만 하면 성도라고 생각하는 것 같다. 교인과 성도의 차이를 인식하지 못하는 것이 참으로 안타깝다. 어떤 이들은 제자훈련반을 수료했다고 자기가 하나님나라에 합당한 백성이 되었다고 크게 오해하는 것 같다. 주님 나라에 입국할 때 정말 제자훈련반 수료증으로 통과할 수 있을 것이라고 생각하고 있는지 궁금하다. 혹은 봉사를 하거나, 헌금을 드리거나, 직분을 소유했다고 영생에 대해 안심하고 살아가는 이들도 적지 않은 것 같다. 오늘날의 비극이다.

자신의 영적 실체를 생각해볼 겨를도 없이 광음과 같은 세월 속에서 떠내려가고 있는 자칭 성도들이 너무나 많다. 이것에 대하여 사도 바울은 충고한다.

너희는 믿음 안에 있는가 너희 자신을 시험하고 너희 자신을 확증하라 예수 그리스도께서 너희 안에 계신 줄을 너희가 스스로 알지 못하느냐 그렇지 않으면 너희는 버림 받은 자니라 고후 13:5

우리에게는 우리의 신앙을 엄격하고 신중하게 확인해야 할 의무가 있다. 성경적 기준으로 스스로 시험하고, 우리 자신을 확증해야만 한다. 만일 그렇지 않으면 우리는 영원한 생명에서 멸망으로 이탈하고 말 것이다.

그러므로 우리는 들은 것에 더욱 유념함으로 우리가 흘러 떠내려가지 않도록 함이 마땅하니라 히 2:1

참된 성도는 교회에 다니는 것만으로는 부족하다. 그의 발걸음은 반드시 언제나 천성을 향하고 있어야 한다. 바로 이것이 우리 자신을 엄중하고 정확하게 진단할 수 있는 날카로운 잣대가 아닌가 싶다.

　우리의 발걸음이 천성, 즉 우리의 본향을 향하여 나아가고 있다는 것은 우리의 가치 기준에 변화가 도래한다는 뜻이다. 목적지는 방향성을 좌우하고, 방향성은 가치 기준을 새롭게 형성하게 되어 있다. 이러한 변화는 필수적이며, 회피 불가하다.

　예를 들어, 우리 인생의 목적이 이 땅에서의 행복과 성공이 아니라 주님 나라에 입성하는 것이라고 한다면, 썩어 없어질 세상에 더 이상 보화를 쌓아두는 것이 아니라 영원히 거주할 곳에 투자하는 것이 너무나 당연하고 합리적인 선택이 되지 않겠는가? 사복음서에서 주님이 천국과 지옥에 대해 가르치시는 것보다 물질관에 대해 교훈하신 적이 더 많은 것도 바로 이런 이유라 할 수 있을 것이다. 한 개인의 신앙과 물질관은 떼려고 해도 절대로 뗄 수 없는 유기적인 관계를 맺고 있다. 물질관을 보면 그 사람의 영적 상태를 거의 짐작할 수 있기 때문이다.

　히브리서 기자는 이어서 천성을 향한 거룩한 여정을 진정으로 가고자 하는 이들에게 짐이 될 만한 것을 벗어 던지라고 강하게 권면한다.

> 이러므로 우리에게 구름같이 둘러싼 허다한 증인들이 있으니 모든 무거운 것과 얽매이기 쉬운 죄를 벗어버리고 인내로써 우리 앞에 당한 경주를 하며 히 12:1

본향을 향하여 나아가는 발걸음이 초래하는 가치 기준의 변화는 물질관의 변화만이 아니다. 시간을 어떻게 사용해야 하는지도 다시 생각하게 된다. 이 땅에서 주인으로 살아가는 것이 아니라 저 멀리 보이는 고향집을 향하여 나아가는 나그네와 행인으로 살아간다면, 우리는 남겨진 시간을 계수하며 살아가게 되어 있다.

그리워서 꿈에도 아른거리는 집에 가려는 사람이라면 다 그날을 손꼽아 기다리지 않겠는가? 천국을 향한 이런 애절함이 없는 사람들이 오늘날 교회 안에 너무나 많은 것 같아 마음이 아프다. 잠시 지나가는 경유지인 이 땅을 마치 목적지라고 착각하고 안주하기 시작한 사람들이 어찌 '성도'라는 거룩한 이름에 어울릴 수 있겠는가!
　우리 신앙의 선배들은 하늘을 사모하였지만, 동시에 이 땅에서 신중하게 살았다. 그들은 언제나 떠날 준비를 하며 살았기 때문이다.

　　우리에게 우리 날 계수함을 가르치사 지혜로운 마음을 얻게 하소서
　　시 90:12

　이것이 성도의 지혜다. 유한한 것을 영원하다고 착각하지 않는 것이야말로 참으로 슬기로운 태도라 칭찬할 수 있을 것이다. 잘 떠나기 위해 준비한 사람은 남은 시간을 잘 살아낼 수 있는 법이다. 마지막 날을 위하여 살아가는 사람은, 영광스러운 죽음뿐만 아니라 풍성한 삶도 일구어낼 수 있는 법이다. 이것이 성도의 발자취라 할 수 있다.

　그런즉 너희가 어떻게 행할지를 자세히 주의하여 지혜 없는 자같이 하지 말고 오직 지혜 있는 자같이 하여 세월을 아끼라 때가 악하니

라 그러므로 어리석은 자가 되지 말고 오직 주의 뜻이 무엇인가 이해하라 엡 5:15-17

성도의 삶에 일어나는 변화는 물질관과 시간 개념에서 가장 두드러지게 드러나지만, 비단 이뿐만이 아니다. 이루 다 말로 할 수 없을 만큼 많은 변화를 성도는 경험하게 되어 있다. 그 모든 변화는 풍성한 생명을 향한 변화다. 그래서 우리 주님은 풍성한 생명을 약속하지 않으셨는가?

도둑이 오는 것은 도둑질하고 죽이고 멸망시키려는 것뿐이요 내가 온 것은 양으로 생명을 얻게 하고 더 풍성히 얻게 하려는 것이라 요 10:10

예수 그리스도 안에 있는 우리의 새로운 생명은 단면적이지 않다. 우리가 얻은 구원의 영향력은 풍성하다. 언젠가 죽은 다음에 천국 간다는 단순한 개념이 절대 아니다. 성도가 된다고 하는 것은 예수로 인하여 죽음에서 생명으로 옮겨지는 위치의 변화요, 심판의 대상에서 하나님의 자녀가 되는 신분의 변화요, 사랑하는 아버지가 계신 천국을 향하여 발걸음이 전환되는 방향의 변화요, 그 천국문까지 올바로 달려가고자 모든 짐을 내려놓는 가치 기준의 변화요, 그 여정 가운데 더욱 사랑하게 되는 예수의 형상을 닮아가는 모습의 변화요, 그 변화된 모습에서 영향력이 흘러나와 세상을 살리는 역할의 변화요, 그리고 결국 아무런 공로 없는 죄인이 언젠가 지존하신 그분의 품에 안기게 되는 운명의 역전이다. 이것이 성도의 영광이다!

그렇다! 진정 구원받은 성도라면 반드시 변화를 경험하게 된다. 이 세상 사람들과 별 차이가 없는 형태로 살아가면서 자신이 영생을 소유하고 있다고 스스로 속이는 거짓에서 깨어나길 바란다.

본향을 향하여 나아가는 여정에서 경험하게 되는 이러한 변화와 성장을, 우리는 아브라함의 인생에서 목격할 수 있다. 가야 하는 길을 가는 성도들의 신앙의 모험에 대하여 섬세히 소개하고 있는 그의 발자취를 함께 살펴보기 원한다. 믿음의 경주를 달려낸 실상을 통하여 우리의 추상적이고 비본질적인 신앙생활에서 돌아서게 되기를 바란다.

  오늘 우리에게 찾아오셔서 본향을 향하여 나아오라고 부르시는 주님의 초청에 감격으로 임하길 기도드린다. 이 땅에서 주인으로 사는 것이 아니라 나그네와 행인의 신분으로 하루 빨리 복귀하기를 재촉한다. 그리고 많은 사람들이 가는 길이 아니라 좁은 길로 가기를 도전한다. 만일 오늘 우리가 옳은 길을 선택한다면, 훗날 우리 선택의 열매들을 셜단코 보게 될 것이다.

다니엘 김

contents

프롤로그

chapter **1**
첫걸음 • 17

chapter **2**
좁은 길 • 47

chapter **3**
참된 왕 • 75

chapter **4**
큰 흑암의 공포 속에서 • 103

chapter **5**

중보자 • 135

chapter **6**

그 웃음소리 들리기까지 • 159

chapter **7**

예배자 • 185

chapter **8**

누가 그 축복의 가문에 참여하리? • 221

에필로그

창세기 12장 1-9절

1 여호와께서 아브람에게 이르시되 너는 너의 고향과 친척과 아버지의 집을 떠나 내가 네게 보여줄 땅으로 가라 2 내가 너로 큰 민족을 이루고 네게 복을 주어 네 이름을 창대하게 하리니 너는 복이 될지라 3 너를 축복하는 자에게는 내가 복을 내리고 너를 저주하는 자에게는 내가 저주하리니 땅의 모든 족속이 너로 말미암아 복을 얻을 것이라 하신지라 4 이에 아브람이 여호와의 말씀을 따라갔고 롯도 그와 함께 갔으며 아브람이 하란을 떠날 때에 칠십오 세였더라 5 아브람이 그의 아내 사래와 조카 롯과 하란에서 모은 모든 소유와 얻은 사람들을 이끌고 가나안 땅으로 가려고 떠나서 마침내 가나안 땅에 들어갔더라 6 아브람이 그 땅을 지나 세겜 땅 모레 상수리나무에 이르니 그때에 가나안 사람이 그 땅에 거주하였더라 7 여호와께서 아브람에게 나타나 이르시되 내가 이 땅을 네 자손에게 주리라 하신지라 자기에게 나타나신 여호와께 그가 그곳에서 제단을 쌓고 8 거기서 벧엘 동쪽 산으로 옮겨 장막을 치니 서쪽은 벧엘이요 동쪽은 아이라 그가 그곳에서 여호와께 제단을 쌓고 여호와의 이름을 부르더니 9 점점 남방으로 옮겨갔더라

히브리서 11장 14-16절

14 그들이 이같이 말하는 것은 자기들이 본향 찾는 자임을 나타냄이라 15 그들이 나온 바 본향을 생각하였더라면 돌아갈 기회가 있었으려니와 16 그들이 이제는 더 나은 본향을 사모하니 곧 하늘에 있는 것이라 이러므로 하나님이 그들의 하나님이라 일컬음 받으심을 부끄러워하지 아니하시고 그들을 위하여 한 성을 예비하셨느니라

1 CHAPTER

첫걸음

이 세상 도성과 하나님의 도성

B.C. 50년에 어거스틴은 《하나님의 도성》(The City of God)에서 두 가지 도성에 대해 정리했다. 하나는 '이 세상'이라는 도성이요, 또 하나는 '하나님의 도성'이다. 우리는 비록 이 땅의 세상이란 도성에 태어난 존재이지만, '더 나은 도성'을 향하여 나아가고 있는 나그네다. 그렇기에 본향을 향해 나아가는 나그네의 여정을 어떻게 걸어가야 하는지를 생각해보고자 이 책을 펼친다.

히브리서에 따르면 아브라함은 '더 나은 본향'을 사모했다.

> 그들이 이제는 더 나은 본향을 사모하니 곧 하늘에 있는 것이라 이러므로 하나님이 그들의 하나님이라 일컬음 받으심을 부끄러워하지

아니하시고 그들을 위하여 한 성을 예비하셨느니라 히 11:16

여기에 사용된 '더 나은 본향'이란 표현에 관심이 간다. 도대체 어떠한 점이 하나님의 도성을 '더 나은 본향'이 되게 하는가? 히브리서 13장 13,14절은 다음과 같이 말한다.

그런즉 우리도 그의 치욕을 짊어지고 영문 밖으로 그에게 나아가자 우리가 여기에는 영구한 도성이 없으므로 장차 올 것을 찾나니
히 13:13,14

이 세상의 도성은 일시적이지만 하나님의 도성은 영원하다고 밝히고 있다. 더 나아가서 히브리서 1장 10,11절에서는 이렇게 선포되어 있다.

또 주여 태초에 주께서 땅의 기초를 두셨으며 하늘도 주의 손으로 지으신 바라 그것들은 멸망할 것이나 오직 주는 영존할 것이요 그것들은 다 옷과 같이 낡아지리니 히 1:10,11

아브라함은 이것을 깨달았기에 이 땅의 고향을 떠나기로 결심할 수 있었다. 히브리서 기자는 이 땅의 도성과 하늘의 도성의 대조적인 모습을 다양한 시각과 언어로 표현한다.

영원한 나라와 영원하지 못한 나라.

눈에 보이지 않는 세상과 눈에 보이는 세상.

사람이 만들지 않은 현실과 사람이 만들어낸 현실.

요동치 않는 도성과 진동케 하심 속에서 소멸되어버릴 도성.

성도는 영원한 나라의 시민이다. 제자는 눈에 보이지 않는 세상을 위하여 운명을 거는 사명자다. 믿음은 사람이 만들지 않은 현실을 삶의 원칙으로 삼는 능력이다. 그리고 영생은 요동하지 않는 도성에 들어가는 것을 허락받은 백성들의 특권이다. 당신은 지금 어느 도성을 향하여 하루하루를 살아가고 있는가?

이제 우리도 순례자의 길에 들어서야 한다. 혹 바쁘게 돌아가는 세상 속에서 자신이 나그네란 사실을 잊고 살아가진 않는가? 그렇다면 이제 그 신분을 다시 찾아야 한다.

혹 이 땅에서 영원히 살 것처럼 착각하며 이 땅의 것들을 집요하게 좇으며 살아가고 있다면, 이제 그 깊은 잠에서 깨어나야 한다. 우리는 이 땅의 고향을 떠나 더 나은 본향을 향해 나아가야 하는 존재이다.

그렇다면 이 여정을 성공적으로 완성하기 위해 우리에게 무엇이 필요한가? 우리에게 요구되는 결단과 자세와 반응과 모습은 무엇인가?

아브라함의 첫걸음

먼저 이 장에서는 아브라함이 내디딘 순종의 첫걸음에 주목해보려고 한다. 아브라함은 우상숭배가 가득한 곳에서 나고 자란 자였으며, 여호와 하나님을 모르던 자였다. 그런데 무엇이 당시 우상숭배자였던 그로 하여금 아직 잘 알지도 못하는 '여호와'란 신의 명령에 반응하게 했는가?

뒤에서 조금 더 구체적으로 살펴보겠지만, 우선 사도 바울의 정의에 귀를 기울여보자.

> 아브라함이 하나님을 믿으매 그것이 그에게 의로 여겨진 바 되었느니라 롬 4:3

즉, 아브라함이 하나님을 신뢰했다는 뜻이다. 그리고 그 신뢰는 영원한 나라를 향한 여정의 첫걸음으로 연결되었다.

믿음은 반드시 순종을 탄생시킨다. 믿음이 순종의 원천이기 때문이다. 이 말을 거꾸로 하면, 믿음 없이는 순종이 있을 수 없다.

우리는 행위로 구원받는 것이 아니라 믿음으로 구원받는다. 이것은 분명한 사실이다.

> 너희는 그 은혜에 의하여 믿음으로 말미암아 구원을 받았으니 이것은 너희에게서 난 것이 아니요 하나님의 선물이라 행위에서 난 것이

아니니 이는 누구든지 자랑하지 못하게 함이라 엡 2:8,9

그러나 성경은 동시에 이렇게 경고하고 있다.

행함이 없는 믿음은 그 자체가 죽은 것이라 약 2:17

　행함이 있다고 모두가 믿음이 있는 것은 아니다. 그러나 믿음이 있으면 반드시 행함이 따르게 되어 있다. 재차 강조하지만, 신뢰 즉 믿음이 순종의 원천이다. 즉, 아브라함의 첫걸음은 하나님을 향한 신뢰의 첫 열매였다.
　그렇다고 아브라함의 믿음이 처음부터 위대했던 것은 아니다. 그의 믿음 역시 처음에는 작고 미숙했다. 그의 연약함에 대해 우리는 이미 잘 알고 있지 않은가? 그러나 우리 주님은 겨자씨만 한 믿음만 있어도 산을 들어 옮길 수 있다고 말씀하셨다. 아브라함의 믿음이 아무리 작고 미약하다 할지라도 그 주님께서 아브라함 인생의 발걸음을 어찌 옮기실 수 없겠는가!
　하나님께서 창세기 12장에서 아브라함을 부르셨을 때, 처음부터 그에게 아들 이삭을 바칠 만한 큰 믿음을 찾고 계시지는 않았을 것이다. 아브라함의 배경과 한계와 부족함을 잘 알고 계시는 하나님은 그가 딱 한 걸음 내디딜 분량의 믿음을 보기 원하셨던 것이다.
　믿음의 크기보다 더 중요한 것은 믿음의 대상이다. 믿음의 견고

함보다 아름다운 것은 믿음의 정확도다. 엉뚱한 존재를 향해 큰 믿음을 가지고 있는 것은 사이비종교에 지나지 않으며, 오류가 있는 교리를 견고히 믿는 것이야말로 이단을 향해 가는 위험한 길이다.

주님은 오늘 우리에게도 거대한 믿음을 요구하지는 않으신다. 내게 믿음 없는 것을 누구보다 잘 알고 계신 분이 우리 주님이시기 때문이다. 그러나 주님은 우리가 오늘의 삶에서 영원한 본향을 향하여 한 걸음 내딛기를 기다리고 계신다. 그리고 지금도 우리를 부르고 계신다.

그렇다면 우리가 가야 하는 그 길을 향한 첫걸음을 내디딜 수 있는 믿음은 어떻게 생기는가? 너무나 작고 미약한 믿음으로 어떻게 한 걸음을 내디딜 수 있는가? 아브라함이 내디딘 첫걸음에 다시 주목해보자.

아브라함이 자신의 보금자리를 떠나기로 작정할 수 있었던 데는 다음과 같은 세 가지 이유가 있었다.

아브라함은 신중히 생각해보았다, 그래서 떠날 수 있었다

아브라함이 자신의 고향을 떠날 수 있었던 첫 번째 이유는 그가 신중히 생각해보았기 때문이다.

온전히 신뢰하기 위한 첫 번째 조건은 신중히 생각해보는 것이다. 많은 사람이 '믿는 것'과 '생각하고 이해하고 납득하는 것'과는 거리가 멀다고 오해한다. 그래서 주님이 하신 말씀을 잘못 인용하는 경우가 종종 있다. 예수님은 요한복음 20장에서 도마를 향해 이렇게 말씀하셨다.

> 예수께서 이르시되 너는 나를 본 고로 믿느냐 보지 못하고 믿는 자들은 복되도다 하시니라 요 20:29

이 말씀을 잘못 이해한 탓에 말이 안 될 정도로 맹목적이고 막무가내의 신앙을 가지고 있는 사람들이 너무 많은 것 같다. 하지만 이 말씀은 흔히 생각하는 것처럼 아무런 생각도, 이해도, 확신도 없이 그저 믿으라는 뜻이 아니다. 우리에게 생각하고, 판단하고, 분별할 수 있도록 지성과 상식과 기억력을 주신 분이 하나님이심을 잊지 말자.

성경을 보다 보면, '믿는다'라는 단어 대신 '보다, 바라보다'라는 표현을 같은 의미로 자주 사용하고 있음을 알 수 있다. 예를 들어 주님은 이렇게 말씀하셨다.

"모세가 광야에서 뱀을 든 것같이 인자도 들려야 하리니 이는 그를 믿는 자마다 영생을 얻게 하려 하심이니라"(요 3:14,15).

불뱀에 물렸어도 모세의 놋뱀을 바라본 자는 살았다. 이처럼 인자를 믿는 자도 살게 될 것이라는 뜻이다. 한편 세례 요한은 다음과 같이 설교한 적이 있다.

"이튿날 요한이 예수께서 자기에게 나아오심을 보고 이르되 보라 세상 죄를 지고 가는 하나님의 어린양이로다"(요 1:29).

그는 예수 그리스도를 '보라'고 초대하고 있다! 히브리서 기자는 뭐라고 말하는가?

"믿음의 주요 또 온전하게 하시는 이인 예수를 바라보자"(히 12:2).

이처럼 '믿다'와 '바라보다'가 동일한 개념으로 사용될 수 있는 이유는, 성경에서 말하는 '믿음'이 '영적 시각'이기 때문이다.

> 믿음은 바라는 것들의 실상이요 보이지 않는 것들의 증거니 히 11:1

따라서 "너는 나를 본 고로 믿느냐 보지 못하고 믿는 자들은 복되도다"라고 하신 주님의 경책은 생각 없이 무작정 믿으라는 뜻이 아니라, 육적(肉的) 시각만이 전부라고 생각하고 그것에만 의지하려 하는 제자를 향한 책망의 음성이었던 것이다. 오히려 사도 바울은 이런 표현을 자주 사용했다.

"내가 확신하노니…, 생각건대…, 알지 못하느냐!"

모두 지성을 요구하는 표현이다.

고뇌하는 노력이 없으면 온전히 신뢰하는 것은 불가능하다. 관찰할 능력이 없으면 바라보는 것은 그저 추상적인 행위일 뿐이다. 갈등할 기회가 없으면 믿음은 절대로 성숙해지지 못한다. 믿음의 조상이라고 불리는 아브라함 역시 충분히 고뇌하였기에 정확한 것에 신뢰를 걸 수 있었고, 심려 깊게 관찰하였기에 그 믿음을 삶으로 옮겨낼 수 있었으며, 갈등하며 씨름하였기에 서서히 믿음 안에서 성장할 수 있었던 것이다.

환경으로 아브라함의 등을 떠미신 하나님

그렇다면 아브라함은 무엇에 대하여 그토록 신중히 생각해보았는가? 그 답은 아브라함의 배경을 소개하고 있는 창세기 11장 27-32절에서 찾아볼 수 있다. 비록 간략하게 기록되어 있기는 하지만, 아브라함이 75세에 이르기까지 세상과 인생에 대하여 신중히 생각하고, 고민하고, 갈등하고, 질문할 수밖에 없었던 삶의 발자국에 대한 기록을 발견할 수 있다.

형제의 죽음

먼저 아브라함의 삶에 일어난 비극적인 사건을 통해 아브라함에게는 역설적으로 세상의 깨어진 질서에 대해 깊이 생각해볼 수 있는 기회가 주어졌음을 알 수 있다.

> 데라의 족보는 이러하니라 데라는 아브람과 나홀과 하란을 낳고 하란은 롯을 낳았으며 하란은 그 아비 데라보다 먼저 고향 갈대아인의 우르에서 죽었더라 창 11:27,28

아브라함은 자신의 형제 하란이 그의 아버지 데라보다 먼저 세상을 떠나는 비극을 통해 인생의 냉혹함을 있는 그대로 직면할 수밖에 없었다. 자식이 부모보다 먼저 죽는 사건을 통해 세상의 질서는 불안정하며 파괴되어 있다는 현실을 깨달았을 것이다. 나중에 왔다고 나중에 가는 것이 아니다. 열심히 살았다고 반드시 잘된다는 보장도 없다. 악인이 흥하고, 의인이 고난을 당하는 것이 이 세상의 뒤틀린 토양이다.

아내의 불임

또한 당시 아브라함은 내일에 대한 소망이 끊긴 상태였다.

> 사래는 임신하지 못하므로 자식이 없었더라 창 11:30

아브라함은 형제 하란의 죽음으로 죽음이 멀리 있는 게 아니라 아주 가까이 있다는 것을 피부로 느꼈을 터였다. 우리도 그렇지 않은가? 신문에 보도된 누군가의 죽음에 대해서는 그저 남의 일로 느끼지만, 함께 자라온 형제나 친구들의 죽음을 경험할 때면 더 이상 남의 일이 아니다. 자기 자신의 죽음에 대해 생각해보지 않을 수가 없다.

아브라함의 경우, 죽음의 그림자가 이미 그 가정에 방문했을 뿐 아니라 새로운 생명을 낳을 수 없다는 현실이 그 삶에 복합적으로 영향을 미쳤을 것이다. 인생의 유한함과 허무함과 무의미함을 절실히 느꼈을 것이다. 사랑했던 사람들이 줄지어 자신의 곁을 떠나기만 할 뿐 새로운 생명이 그의 곁에 찾아오지는 않는 현실이었다.

아버지의 죽음
결정적으로, 아브라함의 근원이 뿌리째 뽑혀버리는 사건이 일어났다.

> 데라는 나이가 이백오 세가 되어 하란에서 죽었더라 창 11:32

이미 기울어가고 있던 아브라함 인생의 말년에 최종적인 한 방을 날린 것은 그의 아버지의 죽음이었다. 자기 인생과 신분의 근원과 기반과 이유가 하루아침에 무너져내린 것이다. 아들에게 아버지는 그런 존재다. 그렇기에 성경에서 누군가를 소개할 때 '누구의 아들 아무개'라고 하지 않는가? 아버지 데라의 죽음으로 인해 아브라함에게는 그 갈대아 땅에 남아야 하는 마지막 이유마저 사라져버린 것이다.

타락한 환경에 대한 염증
그뿐만 아니라 그는 한평생 살아온 메소보다미아 갈대아 지방에서의 삶에 염증 혹은 신물 같은 것을 느끼기 시작했던 것이 분명하다. 그 지역은 나중에 '바벨론'이라는 이름으로 불리는 곳인데, 당시 태양과 달을 섬기는 종교가 왕성했던 곳으로, 그 종교의식이 매우 문란했다. 그런 환경 속에서 살던 아브라함은 무언가 갈증을 느끼기 시작했을 것이다.

거룩한 불만족이 첫걸음을 떼게 한다

사람의 운명은 여기서 둘 중의 하나로 갈라지게 되어 있다. 자신이 속해 있는 시대와 문화와 세상이라는 거대한 톱니바퀴에 속한 하나의 부속품으로 계속 살아갈 것인지, 아니면 변화를 향하여 일어날 것인지 하는 선택 앞에서 말이다. 이 땅의 도성을 좇는 주변의 모든 사람과 함께 즐기며 살아가는 삶에 안주할 것인가, 아니면 거룩한 불만족으로 '더 나은' 것을 향하여 목말라 할 것인가? 사회가 세워놓은 제도 안에서 그들 기준을 만족시키며 살아갈 것인가, 아니면 이런 제도의 허무함과 무의미함 앞에서 신중히 번민하고 갈등하고 생각할 것인가?

수많은 하나님 사람들의 인생을 자세히 들여다보면 한 가지 공통점을 자주 발견하게 된다. 그들은 모두 이 땅의 구조가 잘못되어 있다는 사실을 인지하고, 더는 이대로 모른 체하며 살아갈 수 없다고 느끼며 혼자서 갈등하고 씨름하다가 결국 운명의 결단을 한 자들이란 것이다. 그들은 모두 '더 나은 본향'을 사모한 자들이었다(히 11:15).

존 번연의 유명한 책 《천로역정》에 이와 동일한 갈등과 결단이 아주 생생하게 소개되고 있다. 주인공인 '크리스천'은 곧 멸망하게 될 고향을 떠나 하나님의 영원한 나라인 시온산을 향해 순례자의 길을 떠난다. 그는 멸망과 구원에 대한 소식을 처음 접하고 신중한 생각과 씨름하기 시작한다. 이런 계기를 통해 결국 그는 하늘의 예루살렘을 향해 첫걸음을 내딛게 되는데, 이 과정을 존 번연은 이렇게 기록한다.

"무거운 짐을 지고 손에는 책 한 권을 들고 있던 그는 이윽고 책을 펴서 읽기 시작했는데, 읽어 내려가면서 그는 몸을 떨며 울고 있었다. 그러더니 마침내 더 이상 참을 수 없다는 듯한 슬픈 목소리로 '어찌할까?'라고 울부짖었다. 곤경에 빠진 채 집으로 돌아간 그는 아내와 자식들이 그의 고민을 눈치채지 못하게 하려고 될 수 있는 대로 그의 감정을 억눌러보았으나, 근심이 점점 심해져서 더 이상 침묵을 지킬 수 없었다."

이 짧은 글에서도 확실하게 느낄 수 있는 것은 임박한 멸망을 향한 공포와 죄 많은 세상을 향한 혐오, 그리고 내면에서 요동하며 솟구치는 갈등과 갈증이다.

우리가 흔히 생각하는 것처럼, 하나님께서는 아브라함에게 어느 날 갑자기 뜬금없는 명령을 내리신 것이 아니다. 이미 한평생을 통해 그로 하여금 생각하고, 경험하고, 갈등하고, 뼈저리게 느끼게 하셨다. 수면 아래서 이루어지는 이러한 기초공사가 완료되었을 때,

비로소 약속의 땅을 향한 구체적인 첫걸음을 요구하셨던 것이다. 결과적으로 아브라함은 이와 같은 과정을 통해 자신이 살아온 고토(故土)를 떠날 중대한 결심을 하게 되었고, 멸망할 도성을 탈출할 위대한 첫걸음을 떼게 된 것이다.

우리는 지금까지 어떻게 살아왔는가? 그리고 지금 어떻게 살아가고 있는가? 사회의 부조리로 인해 갈등하고 있지는 않은가? 직장으로 인해 고민하고 있지 않은가? 인생의 공허함으로 인해 우울해하고 있지 않은가? 다가오는 죽음으로 인해 허무함과 싸우고 있지는 않은가? 혹은 이별로 인한 상실감으로 삶을 포기하려 하고 있지는 않은가?

이런 경험은 주님이 우리를 부르시는 첫 번째 신호인 경우가 많다. 이 사실을 알아채기 바란다. 더 깊은 교제를 위해, 더 높은 경건을 위해, 더 넓은 사역을 위해, 그리고 영원한 약속을 위해 우리를 부르시는 것이다. 사람은 이런 과정 없이는 언제까지라도 이 세상이라는 도성의 거대한 톱니바퀴의 한 부속품으로 살아갈 수밖에 없는 존재이기 때문이다.

갈등 없이는 확장이 없으며, 고민 없이는 진지함이 형성될 수 없고, 생각 없는 믿음은 매우 위험하다.

탈출 작전

고뇌와 회의의 자리에 서 있던 아브라함에게 하나님께서 드디어 말씀하셨다.

> 여호와께서 아브람에게 이르시되 너는 너의 고향과 친척과 아버지의 집을 떠나 내가 네게 보여줄 땅으로 가라 창 12:1

어느 영어성경의 번역을 보면 이렇게 기록되어 있다.
"… Go for thyself!"
즉 "너 자신을 위하여 가라"는 뜻이다. 다른 말로 표현하면 '진정 살고 싶다면 너는 떠나라! 탈출하라! 뒤를 돌아보지 말고 달려가라!'라는 뜻으로 이해할 수 있다.

하나님이 고향과 친척과 아버지의 집을 떠나라고 한 몇 가지 이유가 있겠지만, 여기서 알 수 있는 한 가지 분명한 이유는 '탈출'이다. 멸망할 세상에서 영원한 나라로 탈출 작전을 실시하라는 특명을 받은 것이다.

그렇다! 본향을 향해 나아간다고 하는 것은 휴가 나온 군인이 고향에 방문하는 차원의 개념이 아니다. 곧 망할 도시를 극적으로 탈출하는 것이다.

그러나 오늘날 신앙생활하는 수많은 사람들의 모습을 보면 어떤가? 이런 극적이고 절박한 기조가 느껴지지 않는 것이 너무나 안타깝다. 수많은 주의 종들이 경고했던 '임박한 멸망'에 대해 관심도, 생각도, 고민도, 경각심도 없다는 것이 너무나 큰 비극이다. 임박한 멸망에 대한 충분한 이해가 없이는 복음의 진가를 절대로 알 수 없다. 복음의 진가를 모르면 복음을 위해 생명을 걸 수도 없다. 우리가 어디에서 건져냄을 받은 것인지 알지 못하는 자가 어찌 그 구원에 대한 감격을 알 수 있겠는가?

하나님 영광의 아름다움을 보았다

여기서 한 가지 생각해보고 싶은 것이 있다. 아브라함에게 '여호와'라는 존재가 어떤 경험으로 다가왔을까 하는 것이다. 이제껏 믿어왔던 우상을 하루아침에 다 정리하고 한 번도 들어보지 못한 '여호와'라는 신을 따르게 했던 원동력은 과연 무엇이었을까? 그것에 대해 스데반은 사도행전 7장 2절에서 이렇게 소개한다.

> 스데반이 이르되 여러분 부형들이여 들으소서 우리 조상 아브라함이 하란에 있기 전 메소보다미아에 있을 때에 영광의 하나님이 그에게 보여 행 7:2

스데반의 표현은 우연도, 실수도 아니다. 그는 우리가 믿는 하나님, 아브라함이 만난 하나님이 '영광의 하나님'이시란 사실을 강조하고 싶었던 것이다.

'영광의 하나님'이란 개념은 아브라함을 비롯한 당시 사람들이 알고 있던 신(神)의 교리와 큰 차이가 있었다. 비도덕적인 음란행위를 제단 앞에서 요구하던 그 지역 토속 종교와는 정반대로 '여호와'라는 신은 아름다웠다는 뜻이다. 흠모할 만한 분이셨다는 의미다. 그분은 실로 영광의 하나님이셨다!

아브라함은 비록 그분에 대해 아직 잘 몰랐지만, 왠지 모르게 그분께 끌리기 시작했다. 아직 뭐라고 표현할 수는 없었지만 자신이 지금까지 알고 있던 그 무엇과도 달랐다는 뜻이다.

이것은 아브라함의 단순한 감이나 추측이 아니었다. 그분의 약속을 통하여 그분의 아름다움이 증명되기 시작했다.

> 내가 너로 큰 민족을 이루고 네게 복을 주어 네 이름을 창대하게 하리니 너는 복이 될지라 너를 축복하는 자에게는 내가 복을 내리고 너를 저주하는 자에게는 내가 저주하리니 땅의 모든 족속이 너로 말미암아 복을 얻을 것이라 하신지라 창 12:2,3

'여호와'라는 신은 아브라함을 통해 새로운 질서와 사회와 문화와 역사와 왕국과 세상을 설립하겠다는 약속을 하셨다. 이미 이 세상의 허무함에 대해 염증을 느낀 아브라함에게 드디어 소망이 보이기 시작한 것이다. 그 순간, 그는 확신했을 것이다.

'나로 인해 세상이 바뀔 수 있구나! 나와 같은 고난 가운데 있는 이들을 살릴 수 있구나! 나와 같은 고민을 안고 살아가는 자들을 위로할 수 있구나!'

이것은 아브라함의 헛된 망상이 아니었다. 이 사건이 있고 나서 얼마 후, 하나님께서는 아브라함에게 그 나라 건설을 위한 청사진을 소개하신다.

아브라함은 강대한 나라가 되고 천하 만민은 그로 말미암아 복을 받게 될 것이 아니냐 내가 그로 그 자식과 권속에게 명하여 여호와의 도를 지켜 의와 공도를 행하게 하려고 그를 택하였나니 이는 나 여호와가 아브라함에게 대하여 말한 일을 이루려 함이니라 창 18:18,19

이것은 단순히 아브라함을 축복하신다는 약속이 아니다. 아브라함만을 특별히 편애하시겠다는 언약이 아니다. 천하 만민이 그로 말미암아 복을 받게 되는 것이 하나님의 계획이셨다. 한 사람을 통로로 새로운 사회질서, 온전한 가치 기준, 거룩한 문화, 회복된 역사를 이루시겠다는 선언인 것이다.

하나님은 딱 한 걸음씩 요구하신다

아브라함이 순종의 첫걸음을 내디딜 수 있었던 두 번째 이유는, 하나님이 우리에게 요구하시는 순종은 '한 걸음씩' 행하는 순종이기 때문이다.

하나님은 처음부터 우리에게 무리한 순종이나 헌신을 요구하지 않으신다. 그렇기 때문에 엄두가 나지 않는 부르심 앞에서 '이 길은 내 길이 아니야'라고 포기하지 않아도 된다. 이 덕분에 아브라함은 순종의 한 걸음을 내디딜 수 있었다. 아브라함의 인생은 그러한 '한 걸음씩'의 전투였다.

보통 우리는 창세기 12장 1-9절에 기록된 내용을 아브라함의 첫 번째 순종이라고 생각한다. 그러나 사실 첫 번째 부르심과 순종은 갈대아 우르 지방에서 하란까지의 부르심이었음을 알 수 있다.

> 스데반이 이르되 여러분 부형들이여 들으소서 우리 조상 아브라함이 하란에 있기 전 메소보다미아에 있을 때에 영광의 하나님이 그에게 보여 이르시되 네 고향과 친척을 떠나 내가 네게 보일 땅으로 가라 하시니 아브라함이 갈대아 사람의 땅을 떠나 하란에 거하다가 그의 아버지가 죽으매 하나님이 그를 거기서 너희 지금 사는 이 땅으로 옮기셨느니라 행 7:2-4

스데반은 선조의 역사에 대해 "우리 조상 아브라함이 하란에 있기 전 메소보다미아에 있을 때에"라고 분명하게 소개한다. 하나님께서는 메소보다미아에 있던 아브라함에게 1차로 떠나라고 말씀하셨다. 처음부터 가나안 땅으로 가라고 했으면 엄두도 못 냈을 것이다. 그 당시 아브라함의 믿음의 분량은 우르에서 하란까지였다.

그에게 하나님의 음성이 처음부터 어느 정도 정확하게 들렸는지, 그리고 그 인도하시는 손길이 어느 정도 정확하게 감지되었는지는 알 수 없다. 그러나 한 가지 분명한 것은 아브라함이 알아듣게 말씀하시고, 한 걸음씩 인도하셨다는 것이다. 우르에서 하란으로, 하란에서 가나안으로 말이다. 그리고 그 과정마다 아브라함은 순종했다. 이 사실을 반드시 기억해야 한다.

아브라함의 순종도 때로는 완전하지 않았다

아브라함의 순종 역시 때로는 완전하지 못했다는 점을 꼭 짚고 넘어가고 싶다. 분명히 하나님은 "너는 너의 고향과 친척과 아버지의 집을 떠나 내가 네게 보여줄 땅으로 가라"라고 명령하셨지만, 4,5절에 보면 "이에 아브람이 여호와의 말씀을 따라갔고 롯도 그와 함께 갔으며 아브람이 하란을 떠날 때에 칠십오 세였더라 아브람이 그의 아내 사래와 조카 롯과 하란에서 모은 모든 소유와 얻은 사람들을 이끌고 가나안 땅으로 가려고 떠나서 마침내 가나안 땅에 들어갔더라"라고 기록하고 있다. 떠나긴 떠났으나 고향과 친척과 아버지의 집을 떠나라는 말씀에 온전히 순종하지는 못하고 조카 롯을 데리고 간 것이다.

그러나 결국 창세기 13장에서 그 조카 롯과도 이별하게 하시는 하나님의 손길을 우리는 목격할 수 있다. 즉, 우리는 믿음이 연약하기에 때로는 한 걸음조차도 온전할 수 없지만 신실하신 하나님께서 우리의 발걸음을 만들어가신다는 것이다.

또 한 가지 기억하기 원하는 것이 있다. 하나님께서는 우리가 순종할 수 있도록 우리의 환경과 조건을 우리 삶에 허락해주신다는 사실이다. 아브라함에게는 그 아버지 데라의 죽음이 바로 그런 은혜의 손길이었다.

인간적으로 보자면 상실과 이별의 슬픔이었지만, 하나님께서 자신의 백성을 인도하시는 손길은 결박을 푸시는 모습으로 다가온다. 더 이상 책임지고 부양할 부모님이 계시지 않다는 것은 아브라함에게는 이제 이 땅을 떠날 최적의 상황이 마련되었다는 뜻이다. 고향에 내려진 뿌리가 뽑혔다는 것은 '더 나은 본향'을 향한 여정을 시작할 최고의 기회가 도래했다는 의미다.

그러니 사랑하는 사람과의 이별로 인한 아픔 때문에 언제까지나 주저앉아 있지 말라. 이제 더 나은 본향을 향하여 떠날 준비가 된 것이다. 충성했던 일터가 사라졌다고 너무 가슴 아파하지 말라. 이제 마침내 그분을 나의 참 주인으로 모실 수 있게 되었기 때문이다. 하나님이 부르시는 땅으로 나아가게 하시기 위해 나의 삶을 정돈하시는 하나님을 맛보라. 거침없이 달려가게 하시기 위해 얽매이기 쉬운 모든 것을 벗겨내시는 그 손길을 신뢰하라!

떠났더니, 도착하였더라

주님의 은혜와 도우심으로 내디딘 한걸음은 반드시 목적지에 도달하게 되어 있다. 비록 한 걸음씩이지만, 그것은 확실한 걸음인지라 목적지까지의 완주도 분명하다.

> … 가나안 땅으로 가려고 떠나서 마침내 가나안 땅에 들어갔더라
>
> 창 12:5

나는 이 말씀을 읽으며 미소를 지었다. 왜냐하면 이 말씀은 이런 리듬으로 기록되어 있기 때문이다.

"떠났더니… 도착하였더라."

떠나기 전에는 갈 길이 까마득했는데, 주님을 신뢰하고 떠났더니 어느새 도착했다는 뜻이다. 주님은 우리의 순종의 한 걸음을 기다리고 계신다. 나는 이삭을 바치지 못하겠다는 생각으로 처음부터 좌절하지 말라. 약속은 한 걸음씩 이루어져간다.

최근 내 안에서 점차 더 크게 메아리치고 있는 도전이 'compound victory'(복식 승리)란 표현이다. '승리'란 것은 언젠가 마침내 '크게 한 방' 거두는 것이 아니라 매일매일의 삶에서 누적되어 쌓이는 것이다. 자신과의 싸움에서 한 번 이기고, 또 한 번 이기고, 또 한 번 이기는 것이 조금씩 쌓여가는 것이다. 주어진 오늘 하루를 성실하게 살아내는 작은 승리가 서서히 더 큰 승리로 뭉쳐가는 것이다. 작은 승리에 익숙하지 않은 사람에게 절대로 최후 승리는 오지 않는다. 작은 것에 충성하는 일에 합격된 자들만이 큰일을 맡을 수 있다. 먼 훗날의 승리만을 꿈꾸는 것이 아니라 오늘 우리 눈앞에 놓여 있는 승부에 생명을 걸 수 있으면 좋겠다.

하나님은 언약의 눈으로 보게 하신다

아브라함이 하나님의 약속을 믿고 고향을 떠날 수 있었던 세 번째 이유는, 하나님께서는 좌절할 수밖에 없는 상황에서도 우리가 언약의 눈으로 바라볼 수 있도록 재차 말씀해주시는 분이기 때문이다. 그 덕분에 아브라함은 끝까지 하나님의 약속을 신뢰할 수 있었다.

아브라함이 하나님의 명령에 순종하여 하나님이 말씀하신 약속의 땅으로 갔건만, 거기에는 이미 다른 민족이 살고 있었다.

> 그때에 가나안 사람이 그 땅에 거주하였더라 창 12:6

어느 영어성경에 보면 이 부분에 'still'이라는 단어가 사용되고 있다. 가나안 사람들이 '이미, 여전히' 그 땅에 살고 있었다는 뜻이나. 분명히 수님의 음성을 들었다고 생각했는데, 그 음성에 순종하여 기대를 품고 떠나왔고, 그분의 인도하심을 받았다고 확신했는데 막상 도착해보니 당황할 수밖에 없는 현실이 아브라함을 기다리고 있었던 것이다. 이렇게 좌절할 수밖에 없는 상황에서 하나님께서는 그에게 한 번 더 말씀하신다.

> 여호와께서 아브람에게 나타나 이르시되 내가 이 땅을 네 자손에게 주리라 하신지라 창 12:7

하나님의 이 음성은 미래를 가리키고 있었다. 당시 아브라함의 눈에 보여지는 현실은 '이미' 그 땅에 거주하고 있던 가나안 사람들이었다. 그러나 주님은 육안이 아니라 언약의 눈으로 상황을 보게 하신다.

물리적인 위치는 그곳이 맞다. GPS 좌표상 그곳이 분명하다. 그러나 현실의 상황은 주님의 약속과 너무나 다른 경우가 많다. 그럴 때 주님은 현재의 그곳을 보실 뿐만 아니라 미래의 그곳을 동시에 보고 계시다는 사실을 꼭 기억하자.

'시간과 공간을 초월하시는 영원하신 하나님'이란 말이 바로 이런 뜻 아닌가? 하나님은 언젠가 그 땅을 풍성히 채워갈 자신의 백성을 미리 보고 계신 것이었다. 가까운 미래에 그곳에 건국될 자신의 왕국을 이미 계획하고 계셨으며, 바라보고 계셨다. 얼마 후 그 중심에 휘날릴 여호와 닛시의 깃발을 준비하고 계셨다.

아브라함은 이런 영적 실체를 신뢰의 렌즈를 통해 미리 보았기에 그 길을 포기하지 않고, 당장 눈앞에 펼쳐진 현실을 잠시 피하여 '벧엘'과 '아이' 중간에 장막을 쳤다.

거기서 벧엘 동쪽 산으로 옮겨 장막을 치니 서쪽은 벧엘이요 동쪽은 아이라 그가 그곳에서 여호와께 제단을 쌓고 여호와의 이름을 부르더니 창 12:8

여기서 한 가지 흥미로운 것은 '벧엘'이란 단어이다. '벧엘'은 창세기 28장에서 야곱이 지은 지명으로, 아브라함 때에 이 장소의 지명은 아직 '루스'였다. 그러나 창세기를 기록한 모세는 무슨 이유로 이 사건을 기록하며 의도적으로 '벧엘'이라고 기록했을까?

이미 언급했듯이, 우리 눈에는 오늘의 '루스'가 보인다. 아무리 기도를 해도 여전히 변화되지 않는 가정, 아무리 생명을 다해 사역을 해도 여전히 악해져만 가고 있는 사회, 아무리 고민하며 애통해도 여전히 돌아오지 않는 다음세대가 오늘의 현실이다. 그러나 꼭 기억하라. 신뢰의 렌즈를 통해 장래를 바라보아야 한다. 그러면 영원하신 하나님의 눈에만 보였던 먼 훗날의 '벧엘'이 보이기 시작할 것이다. 언젠가 돌아올 나의 가정, 언젠가 회복될 주의 교회, 그리고 언젠가 믿음의 바통을 이어받을 다음세대의 주자들이 보이기 시작할 것이다.

주님이 보고 계시는 것은 우리가 보는 것과 다르다. 우리의 눈에는 거대하고 죄악으로 가득한 세상만 보인다. 그러나 주님의 눈에는 예수 그리스도의 발 앞에 완전히 굴복한 하나님의 왕국이 보이는 것이다. 우리의 눈에는 시들어가는 나의 인생만 보인다. 그러나 주님의 눈에는 언젠가 영화로워질 것이며 결국 예수님을 닮을 나의 모습이 보이는 것이다. 우리의 눈에는 연약한 나의 모습만 보이지만, 주님의 눈에는 예수의 피로 온전히 덮여 있는 흠도 없고 구김도 없는 온전한 사랑의 대상이 보이는 것이다.

믿음을 갖는다는 것, 즉 주님을 신뢰한다는 것은 오늘의 나를 보는 것이 아니라 주님의 관점으로 장래의 나를 바라보고 나를 평가하고 인생의 한걸음에 도전하는 것이다.

아브라함보다 더 크신 주를 바라보라

많은 사람들이 아브라함의 위대한 믿음을 칭찬하기에 바쁘다. 그러나 살펴보았듯이 그의 믿음 역시 시작은 미약했다. 다만, 세상과 시대 그리고 인생과 삶에 대하여 신중히 생각할 기회가 주어졌을 때 그는 충실했다. 그리고 하나님이 이끄시는 대로, 한 걸음씩 믿음의 걸음마를 배워갔다. 뿐만 아니라 오늘의 현실을 언약의 관점에서 해석하는 법을 일찍부터 훈련받은 것이다.

아브라함의 여정은 하란에서 가나안까지, 약 670킬로미터가 되는 모험이었다. 결코 만만치 않은 여정이었다. 그러나 아브라함에게는 그보다 크신 하나님이 계셨다.

요한복음 8장을 보면 유대인들이 예수 그리스도께 이런 질문을 한다.

"너는 이미 죽은 우리 조상 아브라함보다 크냐?"(요 8:53)

주님의 답은 "Yes"의 차원을 넘어서 충격적이었다.

진실로 진실로 너희에게 이르노니 아브라함이 나기 전부터 내가 있느니라 하시니 요 8:58

아브라함은 비교의 대상도 되지 못한다는 뜻이다. "아브라함이 나기 전부터 내가 있느니라"라는 말씀은 유한한 인간인 아브라함과 영원한 하나님 되신 예수 그리스도께서는 엄연히 다르며, 완전히 차원이 다르다는 뜻이었다.

아브라함보다 위대하신 예수 그리스도께서도 아버지의 명령에 순종하사 죽기까지 복종하셨으며, 자신의 영혼을 그 신실하신 손에 올려드리기까지 하나님을 신뢰하셨다. 예수 그리스도의 모험은 하란에서 가나안까지가 아니라 하늘에서 이 땅까지였음을 기억하는가? 아브라함은 이 땅의 고향을 떠났지만, 예수 그리스도께서는 하늘의 본향을 떠나오셨다.

우리는 아브라함이 썩어져 없어질 것을 내려놓았다고 높이 평가하지만, 예수 그리스도께서는 영원한 보좌와 영광과 존귀를 포기하셨고, 오히려 종의 형상을 취하기를 즐겨 하셨다. 아브라함은 이 땅에 더 이상 존재하지 않는 아버지의 집을 떠나온 것만으로도 큰 칭찬과 복을 받았는데, 예수 그리스도께서는 독생자로서 하늘 아버지의 사랑의 품을 떠나 이 땅에 오셨다.

왜 그러셨는가? 한 가지 이유 때문이었다. 우리를 사랑하시기 때문이다. 우리를 영원한 집으로 안내하시기 위함이었다. 그곳에서 영원토록 함께하기를 원하셨기 때문이다.

내 아버지 집에 거할 곳이 많도다 그렇지 않으면 너희에게 일렀으리라 내가 너희를 위하여 거처를 예비하러 가노니 가서 너희를 위하여 거처를 예비하면 내가 다시 와서 너희를 내게로 영접하여 나 있는 곳에 너희도 있게 하리라 요 14:2,3

우리를 그토록이나 사랑하신 주님이 계신 곳을 향하여 이제 그 길을 향한 믿음의 첫걸음을 내딛지 않겠는가!

◇◇◇

나는 이 땅에 머물고 싶은 마음이 없소
의심이 솟아나고 두려움이 좌절시키는 곳
어떤 이들은 이곳에 살고자 하여도
나의 기도, 나의 목적지는 저 높은 곳일세.

나는 가장 높은 곳에 이르고 싶소
눈 부신 그 영광의 한줄기라도 보고 싶소
그 천국을 찾을 때까지 나는 기도하리
"주님, 나를 저 높은 곳까지 인도하소서."

나는 그곳에 서기까지 주님을 따르리,
나의 발이 그 풍성한 땅에 심겨지는 그날까지.
그리하면 나는 영원토록 그의 은혜를 노래하리,
나를 그곳까지 인도해내신 그분을.

주님, 나를 일으키시고
저 천국 저 높은 곳에 서게 하소서
내가 의지하는 이 땅이 아니라

저 높은 곳에 나의 발을 심으소서

◇

My heart has no desire to stay
Where doubts arise and fears dismay;
Though some may dwell where those abound,
My prayer, my aim, is higher ground.

I want to scale the utmost height,
And catch a gleam of glory bright;
But still I'll pray till heav'n I've found,
"Lord, lead me on to higher ground."

My Lord I'll follow till I stand,
Erect upon that lofty land;
And, blest forever, sing His grace,
Who led and set me in this place.

Lord, lift me up and let me stand
By faith, on Heaven's tableland,
A higher plane than I have found;
Lord, plant my feet on higher ground.

I'm Pressing on the Upward Way(저 높은 곳을 향하여), Johnson Oatman Jr.

창세기 13장 1-18절

1 아브람이 애굽에서 그와 그의 아내와 모든 소유와 롯과 함께 네게브로 올라가니 2 아브람에게 가축과 은과 금이 풍부하였더라 3 그가 네게브에서부터 길을 떠나 벧엘에 이르며 벧엘과 아이 사이 곧 전에 장막 쳤던 곳에 이르니 4 그가 처음으로 제단을 쌓은 곳이라 그가 거기서 여호와의 이름을 불렀더라 … 9 네 앞에 온 땅이 있지 아니하냐 나를 떠나가라 네가 좌하면 나는 우하고 네가 우하면 나는 좌하리라 10 이에 롯이 눈을 들어 요단 지역을 바라본즉 소알까지 온 땅에 물이 넉넉하니 여호와께서 소돔과 고모라를 멸하시기 전이었으므로 여호와의 동산 같고 애굽 땅과 같았더라 … 14 롯이 아브람을 떠난 후에 여호와께서 아브람에게 이르시되 너는 눈을 들어 너 있는 곳에서 북쪽과 남쪽 그리고 동쪽과 서쪽을 바라보라 15 보이는 땅을 내가 너와 네 자손에게 주리니 영원히 이르리라 16 내가 네 자손이 땅의 티끌 같게 하리니 사람이 땅의 티끌을 능히 셀 수 있을진대 네 자손도 세리라 17 너는 일어나 그 땅을 종과 횡으로 두루 다녀보라 내가 그것을 네게 주리라 18 이에 아브람이 장막을 옮겨 헤브론에 있는 마므레 상수리 수풀에 이르러 거주하며 거기서 여호와를 위하여 제단을 쌓았더라

2
CHAPTER

좁은 길

좁은 길은 좁은 문에서부터 시작된다

앞에서 우리는 아브라함의 첫걸음에 대해 살펴보았다. 이제 여기서는 그러한 첫걸음을 내딛고자 하는 자들이 찾아야 하는 '좁은 문'에 대해 생각해보려고 한다. 이것에 대해 구체적으로 살펴보기에 앞서서 우리는 두 가지 개념을 먼저 정리해야 한다.

첫째로, 본향을 향한 지극히 높은 부르심을 입은 자들은 '좁은 문'을 통하여 '협착한 길', 즉 좁은 길로 나아가야 한다는 것이다.

> 좁은 문으로 들어가라 멸망으로 인도하는 문은 크고 그 길이 넓어 그리로 들어가는 자가 많고 생명으로 인도하는 문은 좁고 길이 협착하여 찾는 자가 적음이라 마 7:13,14

여기서 주님은 좁은 문과 협착한 길에 대해 구분 짓고 계시다는 사실을 알 수 있다. 출발은 '문'부터이다. 그리고 그 문 뒤로 '길'이 연결되어 최종 목적지에 도달하게 되는 것이다.

주님은 큰 문 뒤에 펼쳐지는 길은 넓으며, 그 최종 목적지는 '멸망'이라고 알려주셨다. 반대로 좁은 문은 그 뒤에 협착한 길이 펼쳐지며, 그 최종 목적지는 '생명'임을 소개해주셨다. 즉, 길과 목적지는 모두 문에서부터 시작된다는 것이다. 문의 선택이 운명의 결말을 좌우한다는 뜻이다. 그래서 주님은 문과 길과 목적지에 대한 말씀을 전하시자마자 곧바로 이어서 나무와 그 열매에 대해서 말씀하셨다(마 7:15-20 참조).

우리는 좁은 문을 발견해야만 한다. 그리고 그 문을 발견하면 그 뒤로 펼쳐지는 협착한 길을 품어야 하는 것이다.

둘째로, 좁은 문을 통과하지 않고는 협착한 길로 갈 수 없다는 점이다.

안타깝게도 많은 사람이 좁은 문과 협착한 길에 대해 혼동하는 것 같다. 그래서 이 두 가지 표현을 같은 의미로 사용하는 경우를 자주 보게 된다. 많은 이들이 좁은 길로 가라고 외친다. 그러나 우리 주님은 좁은 문으로 들어가라고 명령은 하셨지만, 좁은 길로 가라고 말씀하신 적은 없다는 걸 기억하라. 길은 문의 결과이다. 좁은 길, 성경의 표현대로 하자면 협착한 길로 행할 수 있는 통행권은 좁은 문을 통과한 사람에게만 허락된다는 것이다.

꽤 많은 설교자들이 좁은 문에 대해 충분히 설명하지 않은 채 좁은 길로 가라고 성도들의 발걸음을 재촉한다. 때로는 성경을 100독, 200독씩 많이 읽는 것이, 기도를 3시간, 4시간씩 많이 하는 것이, 전 재산을 팔아 구제를 하거나, 직장을 포기하고 선교지로 나가는 것이 좁은 길을 가는 것이라고 소개하기도 한다. 성도들은 그런 사람들을 바라보며 존경의 박수를 치며 자신도 조금이나마 그렇게 살기 위해 노력한다. 물론 너무나 대단하고 훌륭한 일이다. 하지만 어떤 측면에서 이것은 매우 위험하다. 좁은 문을 통과하지 않은 자가 협착한 길을 가는 것은 불가능할 뿐 아니라, 이는 주님의 뜻에도 어긋나기 때문이다.

쉽게 알아볼 수 없는 좁은 문

우리는 예수님의 초청의 메시지를 오해하면 안 된다. 예수님이 말씀하신 내용을 한 번 더 자세히 들여다보자.

"생명으로 인도하는 문은 좁고 길이 협착하여 찾는 자가 적음이라."

많은 이들이 이 말씀을, 주님을 따르는 좁은 길은 가기가 매우 어려운 길이라고 해석한다. "찾는 자가 적음이라"는 말을 잘못 이해했기 때문이다. 사실 한글성경의 번역으로는 오해할 소지가 있다. '찾는 이가 적다'라는 표현은 영어의 'seek'(구하다, 추구하다)을 연상시키기 때문이다. 따라서 좁은 길은 사람들이 선호하지 않는 인기 없는 길이라고 단정하는 실수를 낳는 것이다. 하지만 이 부분을 영어 성경으로 보면 'only a few find it'이라고 되어 있다. 즉, 생명의 길로 진입하는 입구는 매우 작은 까닭에 사람들의 눈에 쉽게 발견되지 않는다는 뜻이다.

수없이 많은 사람이 그 앞을 오가도 좁은 문과 그 뒤에 펼쳐지는 협착한 길을 발견하는 것은 극히 소수의 사람이다. 그 문과 길은 심혈을 기울여 조심스럽게 살펴보지 않으면 쉽게 발견되지 않는, 비밀에 싸여 있는 감춰진 길이라는 것이다. 익숙한 고정관념의 표면을 찢고 더 깊이 들어가지 않으면 십중팔구 그대로 스쳐 지나가버리고 만다.

좁은 문이신 예수 그리스도

그렇다면 쉽게 알아볼 수 없는 이 작은 입구는 무엇을 의미하는가? 이것은 단순히 남들이 선호하지 않는 인생에 들어선다는 의미가 절대 아니다. 인기 없는 삶을 받아들인다는 뜻도 아니다. 다른 이들은 엄두도 못 내는 고고한 삶을 살아간다는 뜻도 물론 아니다. 만일 좁은 문의 근본적 의미가 이런 것들이었다면 우리 인생의 형태는 도(道)를 찾는 불교의 스님들과 다를 바 없을 것이다. '문'이 아닌 '길'만이 강조된다면 말이다.

여기서 말하고 있는 '좁은 문'은 예수 그리스도이시다. 요한복음 10장에서 주님은 자신에 대해 너무나 명확하게 소개하신다.

> 내가 문이니 누구든지 나로 말미암아 들어가면 구원을 받고 또는 들어가며 나오며 꼴을 얻으리라 요 10:9

우리는 진정 좁은 문을 통하여 그 길에 들어갔는가? 스스로 협착한 길을 걷고 있다고 굳게 믿으며 자화자찬하고 있거나, 혹은 자기 연민의 늪에 빠져 있는 것은 아닌지 스스로 돌아보기 바란다. 좁은 문 되시는 예수 그리스도의 아름다움을 충분히 흠모하기보다 좁은 문은 안중에 두지 않은 채 주님을 위해 고통받고 희생하고 고생하는 것이 협착한 길을 걷는 위대한 삶이라고 착각하고 있는 것은 아닌가?

좁은 문이신 예수 그리스도에 대해 나누기보다 오히려 그 길을 제시하는 누군가의 간증에 더 열광하는 것은 아닌가? 예배를 마치고 나설 때마다 예수 그리스도가 너무나 사랑스러워서 어쩔 줄 모르겠는 경험을 선물하기보다 '착하게 살자, 열심히 살아야겠다'는 결심과 결단을 이끌어내는 데만 급급해 있지 않은가?

우리가 아무리 예배를 드리고, 설교를 듣고, 교회를 드나들며 은혜를 받았다 하더라도 예수 그리스도라는 문을 통과하지 않았다면, 이것은 모두 좁은 문을 발견하지 못하고 스쳐 지나간 경우라고 할 수 있다.

오늘 이 순간에도 자신이 협착한 길을 가고 있다고 착각한 채 여전히 열심히 넓은 길로 행하고 있는 사람들이 얼마나 많은가! 협착한 길은 반드시 좁은 문에서만 출발할 수 있다. 좁은 문은 예수 그리스도 유일한 한 분이시다!

스스로 협착한 길을 걷고 있다고 생각하는 사람들이 자주 하는 간증이 있다. 주님을 위해 어떻게 희생했는지에 대한 간증이다. 모두 그런 것은 아니지만 많은 경우, 그들과 교제하다 보면 그들 안에 나름의 영웅 의식이 있음을 보게 된다. 이것은 '자기의'다. 자아가 형태만 바꿨을 뿐 여전히 전혀 죽지 않았다는 증거다. 나는 이들이 안타깝다. 왜냐하면 그들은 희생을 치르면서도 여전히 넓은 길로 가고 있기 때문이다.

사랑은 희생을 희생으로 해석하지 않게 하는 힘이 있다. 누군가를 진정 사랑한다면 그 대상을 위해 생명을 바친다 해도 그것을 절대 희생으로 느끼지 않을 것이다. 그러니 진정 협착한 길을 가고 있는 사람이라면 자신이 그러한 길을 가고 있다는 사실조차 인식하지 못할 것이다. 단지 그는 주님을 사랑하고 흠모하고 자랑하기에 바쁠 것이다

아브라함은 협착한 길로 나아가기 전에 좁은 문을 만났다. 1장에서 살펴보았듯이, 그는 '영광의 하나님'을 대면했다. 그리고 그는 믿음이라는 열쇠를 가지고 그 아름다운 문을 열고 그 안으로 진입하기로 결단했다. 좁은 문을 통과하여 협착한 길로 나아가고자 했던 아브라함은 무엇을 깨닫고 무엇을 보게 되었을까? 그는 최소한 다음과 같은 세 가지 영적 실제를 경험하게 되었다.

짐을 진 채로는 들어갈 수 없는 문

첫째, 그 문은 짐을 진 채로는 들어갈 수 없다.

아이와 벧엘 사이에 잠시 거주하던 아브라함은 그 땅에 찾아온 기근을 피하여 애굽 땅으로 이주하게 된다. 그곳에 머무는 동안 아브라함이 얻은 재산이 적지 않았던 것 같다. 이제 창세기 13장이 펼쳐지면서 아브라함은 자신의 가족과 모든 소유를 이끌고 또다시 네게브를 지나 "벧엘과 아이 사이 곧 전에 장막 쳤던 곳"으로 돌아오게 되는데, 이 사건을 기록하며 성경은 그냥 넘어갈 수 없는 한 가지 사실을 다음과 같이 지적한다.

아브람에게 가축과 은과 금이 풍부하였더라 창 13:2

우리말로는 '풍부하였더라'라고 번역되어 있지만, 원어로 이 부분을 보면 '버거웠더라, 무거웠더라'라는 의미를 내포하고 있다. 즉, 그의 삶에 다시금 쌓이기 시작한 재산이 하나님의 약속을 성취하는 여정에 걸림돌이 되기 시작했다는 것이다. 하나님 한 분만으로 채워지기 원했던 그의 소원에 방해가 되었다는 뜻이다. 협착한 길을 걷고자 하는 자의 발걸음에 짐이 지워진 현실을 강조하는 표현이다. 사실, 생각해보면 이 땅에서의 모든 소유는 다 그렇게 버겁고 무거운 짐 아닌가!

오래전에 누군가가 이런 말을 했다. 우리는 한평생 물질을 얻기 위한 부담감으로 고생하고, 그것을 얻으면 유지하기 위해 염려하고, 그것을 잃어버릴까 봐 항상 두려워하고, 그것을 사용하고 싶은 유혹과 끊임없이 씨름하고, 그것을 잘못 사용하면 죄책감에 시달리고, 그것을 상실하면 괴로움에 파묻히고, 결국 최종적으로 그것을 바로 사용하였는가에 대한 심판만 남게 된다고 말이다.

예수님만 따르겠다고, 예수님 한 분이면 족하다고 고백했던 우리도 여전히 이런 물질에 얽매여 살아가고 있지 않은가? 애굽에 체류하는 동안 아브라함도 이런 짐을 한가득 짊어지게 되었다. 그리고 그런 자신의 모습을 깨닫기 시작한 그는 여호와의 제단 앞으로 돌아갈 선택을 한다.

아브라함은 애굽을 떠나 네게브를 지나왔지만, 도중에 잠시라도 머물거나 지체하지 않고 벧엘과 아이 사이에 오래전에 쌓아두었던 제단까지 달려간다. 돌아가는 길에 잠시 장막을 치거나 혹은 다른 곳으로 우회했다는 기록을 찾을 수 없다. 그는 급했던 것 같다.

성경을 보면, 아브라함에 애굽에 잠시 머물렀던 기간 동안 그가 하나님과 교제했다는 기록이 어디에도 없다. 오히려 자신의 아내를 누이라 하는 거짓된 눈속임으로 위기를 모면하는, 생존하기 위해 수단과 방법을 가리지 않는 나약한 모습만이 명백하게 기록되어 있을 뿐이다. 그랬던 그가 이제는 하루빨리 그 제단 앞으로 달려나가 회복되기를 사모했던 것 같다.

그곳은 그가 주님의 나타나심을 처음 경험했던 곳이다. 그곳은 그가 여호와의 이름을 불렀던 곳이다. 비록 그때로부터 적지 않은 시간이 흘렀지만, 성경은 그가 또다시 "거기서 여호와의 이름을 불렀더라"라고 소개하고 있다. 이것은 단순히 기도나 예배를 드렸다는 표현이 아니다. 하나님의 나타나심을 다시금 갈망했다는 표현이다. 주의 얼굴을 그리워하며, 주의 얼굴을 향해 목말라 했다는 뜻이다.

아마도 아브라함은 애굽 땅에 체류하는 동안 하나님을 만나기 이전의 모습으로 변질되어가는 자기 자신을 깨닫고 한순간이라도 빨리 그 모습에서 탈출하고 싶었던 것이 분명하다. 처음에는 모든 소유를 내려놓고 고향마저 등지고 떠나왔지만, 자기도 모르는 사이에 또다시 소유가 짐이 되어버린 모습을 목격하게 된 것이다. 더 이상 무언가에 묶이지 않기 위해 모든 것을 끊고 고향을 떠나온 그였지만, 그럼에도 정신을 차리고 보니 여전히 묶여 있는 자신의 모습을 발견하고 그는 어떤 생각을 했을까? 옛 도성의 허무함을 그토록 혐오했건만, 문득 돌아보니 그 허무한 것들 속에서 여전히 허우적대고 있는 자신의 신세를 보고 얼마나 암담했을까!

다시 한번 여호와의 이름을 불렀을 때

우리도 이와 같은 경험을 반복하며 살아간다. 주님의 인도하심을 의지하고 떠나왔다고 생각하지만, 깜빡하는 사이에 떠나왔던 그곳으로 돌아가고 있는 나 자신을 발견할 때가 있다. 소중한 것을 내려놓았다고 확신했건만, 세상의 또 다른 것들로 채우기에 바쁜 내 모습을 보게 된다. 주님께 다 드렸다고 고백했건만, 사실 가장 중요한 것은 여전히 내 품에 꼭 쥐고 있는 우리의 모습 말이다. 이런 모습으로 아브라함은 하나님께 달려가 부르짖었던 것이다.

"나 좀 살려주세요! 고향으로는 돌아갈 수 없고, 앞으로는 어디로 나아가야 할지 모르겠습니다. 오래전에 나에게 나타나신 하나님, 여전히 나와 함께 계십니까? 또다시 나를 찾아와주세요!"

그는 또 한 번의 구체적인 응답에 굶주리고 있었고, 주님과의 관계 확인에 온통 신경이 곤두선 상태였으며, 생존을 위해 비겁한 방법을 동원할 정도로 이 땅에 연연하고 있던 자신의 모습이 혐오스러웠을 것이다.

그러나 나는 그의 이런 모습이 영성 성장의 레시피라고 말하고 싶다. 또다시 주님의 인도함을 받을 자세가 드디어 준비된 것이다!

아브라함의 이러한 부르짖음에 응답하여, 하나님께서 구체적으로 일하시기 시작하는 내용이 성경에 이렇게 기록되어 있다.

> 그가 거기서 여호와의 이름을 불렀더라 아브람의 일행 롯도 양과 소와 장막이 있으므로 그 땅이 그들이 동거하기에 넉넉하지 못하였으니 이는 그들의 소유가 많아서 동거할 수 없었음이니라 그러므로 아브람의 가축의 목자와 롯의 가축의 목자가 서로 다투고… 창 13:4-7

아브라함은 하나님께서 또 한 번 즉각 나타나주시리라고 생각했을 것이다. 음성으로 말씀해주시리라 예상했을 것이다. 그러나 하나님의 응답의 손길은 예상 밖이었다. 여호와의 이름을 부른 후에 오히려 문제가 발생하기 시작했다. 아브라함의 가축을 돌보는 목자들과 롯의 목자들이 서로 다투기 시작했다.

아브라함에게 롯은 단순한 친척 관계가 아니었다. 자식이 없는 이에게는 조카가 자식과 다름없다. 아브라함도 그랬을 것이다. 아니, 아브라함에게 롯은 자녀 이상이었을 것이 분명하다. 하나님께서 아브라함에게 주셨던 약속을 기억하는가?

"내가 너로 큰 민족을 이루고 네게 복을 주어 네 이름을 창대하게 하리니 너는 복이 될지라"(창 12:2).

하나님께서는 아브라함을 통해 민족을 이루겠다고 말씀하셨다. 너무나 놀라운 이런 약속에 아브라함은 어떻게 반응했는가?

"이에 아브람이 여호와의 말씀을 따라갔고 롯도 그와 함께 갔으며…"(창 12:4).

여기서 말하는 '이에'는 영어로 보면 'for that reason'(바로 그 이유로)이라는 표현이다. 즉, 아브라함이 하나님의 약속에 나름 순종하여 반응한 것이 롯과 동행하는 것이었다는 뜻이다.

당시 여호와 하나님에 대한 온전한 신학이 아직 형성되기 전이었던 그가 생각할 수 있었던 최대한의 시나리오는 롯을 통하여 민족을 이루시는 하나님의 역사였을 것이다. 이 정도도 그에게는 위대한 하나님의 역사이자 사건이었을 것이다. 자식이 없는 그에게는 롯을 통하여 대를 이을 수 있는 것 자체만으로도 가슴 벅찼을 것이 분명하다. 이미 자신의 가능성을 포기한 그는 하나님의 무한한 가능성을 바라보기보다 롯을 통해서라면 하나님의 뜻을 이룰 수 있지 않을까 생각했던 것이다.

그러나 하나님께서는 우리의 삶을 '평범함'(mediocre)에서 '위대함'(greatness)으로 이끌기를 원하신다. 롯을 통해 세워지는 평범한 가정을 뛰어넘어 믿음으로 세워지는 왕국을 건설하기를 원하셨던 것이다. 그래서 하나님께서는 아브라함의 롯을 향한 애착마저도 개입하시어 정리하신다. 이와 같은 하나님의 손길은 주의 백성의 삶의 여정에서 자주 목격할 수 있다. 짐을 진 채로는 그 좁은 문을 통과할 수도 없고, 협착한 길로 나아갈 수도 없기 때문이다.

오래전에 누군가 나에게 이런 말을 한 적이 있다. 그의 첫마디는 이랬다.

"There are 'good things' and 'great things' in life….”

인생에는 '좋은 것들'과 '위대한 것들'이 있다는 뜻이다. 좋은 것들은 평생 몇 차례 우리에게 찾아온다. 괜찮은 기회, 좋은 사람, 나쁘지 않은 직장과 같은 것들이다. 그러나 위대한 것들은 평생 한두 번 우리에게 손을 내민다. 상상도 못 했던 자리, 꿈만 같은 사랑, 진정 원했던 한 가지 같은 것들이 그 예라고 할 수 있다.

안타까운 것은 극히 소수의 사람들만 '위대한 것들'을 소유하게 된다는 것이다. 그 이유는 다름 아니라 이미 '좋은 것들'에 안주해버려서 '위대한 것들'을 받아들일 자리가 없기 때문이다.

아브라함의 경우, 하나님은 그가 평범한 것으로 안주하는 것을 용납하지 않으셨다. 그를 통해서 이루실 세상을 위한 하나님의 계획이 있으셨기 때문이다. 얼마나 감사한 일인가!

주님보다 다른 대상을 향한 애정이 커지는 순간, 우리는 짐을 짊어지게 된다. 더 이상 문도 보이지 않고, 앞으로 나아가야 할 길도 보이지 않게 되는 것이다. 아브라함에게 그 애정의 대상은 롯이었다. 그래서 주님은 롯을 아브라함의 삶에서 제거하시는 작업에 착수하신 것이다.

하나님은 왜 우리를 협착한 길로 이끄시는가?

우리의 삶도 다르지 않다. 생각지 못했던 이별, 원하지 않았던 포기, 예상치 못했던 실패로 우리의 발걸음이 가벼워지도록 정리하시는 하나님의 손길을 자주 경험하게 된다. 이런 과정에서 우리는 하나님께서 왜 그토록 우리를 아프게 하시는지 질문하게 된다. 왜 그렇게까지 하면서 협착한 길로 걷게 하시는지 곰곰이 생각해보게 된다. 무엇을 위해서?

이것에 대해 C. S. 루이스는 《고통의 문제》에서 다음과 같은 두 가지 예를 들어 설명했다. 이에 대해 잠시 나눠보자.

첫째, 하나님 할아버지가 아니라 하나님 아버지이기 때문에!

우리는 하나님을 아버지라고 부른다. 하나님을 '할아버지'라고 부르는 사람은 없을 것이다. 할아버지에게 손주란 존재는 마냥 이쁘기만 하다. 경책하기보다 그 어린아이의 소원을 들어주는 것으로 행복해한다.

그러나 아버지란 존재는 다르다. 아버지는 아이를 경책할 때가 많다. 원하는 것을 주지 않을 때도 있다. 아버지는 자녀를 향해 애틋한 사랑을 가지고 있을 뿐만 아니라 그 아이를 향한 책임감이 누구보다 크기 때문이다.

마찬가지로 하나님께서는 우리가 원한다고 다 주시지 않는다. 하나님은 우리가 주님의 형상을 닮은 존재로 온전히 설 수 있도록 만들어가신다. 아버지의 속성을 본받는 자녀로 키워가신다. 그래서 언젠가 아버지와 함께 책임을 공유할 수 있는 상속자로 준비되기를 원하신다.

둘째, 우리의 인생은 어린아이의 그림이 아니라 예술가의 작품이기 때문에!

우리는 어린아이들이 스케치북에 끄적이는 그림을 유명한 화가의 작품과 동일한 잣대로 평가하지 않는다. 예술가의 작품을 향해서는 매우 엄격하다. 작은 실수도 용납하지 않는다. 동시에 그 작품을 향해서 큰 기대를 걸고, 때로는 적지 않은 금액을 지급하여 구입하기도 한다. 그렇게 엄격한 잣대를 들이댄 어떤 작품들은 세계의 수많은 사람들에게 충격과 감동과 위로를 가져다준다.

주님은 우리의 인생을 스케치북에 내키는 대로 낙서하는 대상으로 생각하지 않으신다. 사도 바울은 이렇게 고백했다.

> 우리는 그가 만드신 바라 그리스도 예수 안에서 선한 일을 위하여 지으심을 받은 자니 이 일은 하나님이 전에 예비하사 우리로 그 가운데서 행하게 하려 하심이니라 엡 2:10

좁은 문을 통과하여 협착한 길로 완주한 자들만이 주님의 선하심을 온전히 높여드릴 수 있을 것이다. 결승점에 도착하지 않고서는 도저히 이해할 수 없는 이별과 아픔과 채찍이 있을 수밖에 없기 때문이다. 그렇기에 주님은 우리에게 현실을 해석해주시기보다 오히려 우리의 발걸음을 재촉하시는 경우가 많은 것 같다. 도착하면 이해가 될 것이기 때문이다.

그뿐만 아니라 그 길을 끝까지 달려가게 하기 위하여 모든 방해물을 제거하기를 원하신다. 짐을 진 채로는 들어갈 수 없는 문이다. 짐을 진 채로는 갈 수 없는 길이다.

세상의 눈으로 볼 수 없는 길

둘째, 좁은 문과 협착한 길을 발견하는 것이 쉽지 않다는 것이다. "생명으로 인도하는 문은 좁고 길이 협착하여 찾는 자가 적음이라"(마 7:14).

좁은 문을 발견하는 것이 쉽지 않을 뿐 아니라 그 문 뒤로 이어지는 협착한 길로 행하는 것도 예리한 분별력이 요구된다. 세상의 눈으로는 볼 수 없는 길이기 때문이다. 그 길은 단순한 상식으로는 갈 수 없는 길이다. 인간적인 계산을 하다 보면 이탈하게 된다. 그렇다면 그 길을 우리는 어떻게 분별하며 가야 하는가? 그 길에 대한 몇 가지 도움이 될 만한 가이드라인을 함께 나누고자 한다.

관계 중심의 길

먼저, 협착한 길은 '관계 중심의 길'이다.

협착한 길로 가는 것은 주변 모두와의 관계를 단절하는 것이라고 오해하는 사람들이 있다. 그러나 많은 경우, 신앙을 지키기 위해서가 아니라 자신이 잘못하여 관계가 단절되고 주변의 미움을 받는다. 나는 믿음을 지켜내기 위하여 받는 핍박과 자신이 잘못하여 받는 미움을 구분하지 못하는 사람들을 보면 답답하다. 아브라함은 롯과의 관계를 소중하게 생각했고, 서로 갈라서는 과정에서도 모든 판단을 관계 중심으로 했다.

협착한 길을 가고자 하는 이들은 배려와 예의와 양보와 온유함이 반드시 있어야 한다. 그런 모습을 상실한 채 나아가는 발걸음 자체가 넓은 길이라는 사실을 알고 있는가? 롯을 대하는 아브라함의 태도는 너그러웠으며, 롯을 우선적으로 배려해주었다.

네 앞에 온 땅이 있지 아니하냐 나를 떠나가라 네가 좌하면 나는 우하고 네가 우하면 나는 좌하리라 이에 롯이 눈을 들어 요단 지역을 바라본즉 소알까지 온 땅에 물이 넉넉하니 여호와께서 소돔과 고모라를 멸하시기 전이었으므로 여호와의 동산 같고 애굽 땅과 같았더라 창 13:9,10

아브라함의 이러한 여유는 어디서 샘솟은 것일까? 그가 소유했던 여유의 두 가지 원천이 있다.

우선, 그 여유는 자신이 복의 근원이라는 확신에서 비롯되었다. 하나님이 아브라함에게 주신 축복은 그가 열방의 복의 근원이 되는 것이었다.

"너를 축복하는 자에게는 내가 복을 내리고 너를 저주하는 자에게는 내가 저주하리니 땅의 모든 족속이 너로 말미암아 복을 얻을 것이라 하신지라"(창 12:3).

이 말씀은 땅을 통해 아브라함이 복을 받기에 앞서 땅이 아브라함을 통하여 복을 받을 것이라는 내용이다. 따라서 자신이 어디로 가든 그곳이 복된 현장으로 변화될 것이라는 사실을 알고 믿었기에 그는 어느 땅을 얻게 되든 상관없었던 것이다.

롯과의 갈등에서 아브라함이 보여준 여유의 또 한 가지 원천이 있다. 그것은 그가 주님을 의지했기 때문이다. 아브라함은 어느 쪽 땅을 소유하게 되든, 결국 하나님께서 자신에게 가장 적합한 것을 남겨주실 것이라는 확신을 가지고 있었다. 그렇기에 그는 롯에게 우선권을 주어도 마음에 평안이 있었을 것이다.

관계를 희생시키면서까지 충돌과 배반과 계산과 노력을 거듭하여 무언가를 움켜잡으려고 하는 것은 절대 협착한 길을 걷는 자의 태도가 아니다. 이는 세상 사람이라면 누구나 가지고 있는 욕심이자 근성이다. 진정으로 예수님이 말씀하신 협착한 길로 가기 원하는가? 그렇다면 내 이웃을 내 몸과 같이 사랑하라!

영광 중심의 길

또한 협착한 길은 '영광 중심의 길'이다. 나는 그 길을 안내하는 표지판에 '영광 중심의 길'이라는 글귀가 적혀 있지 않을까 생각한다.

> 또 가나안 사람과 브리스 사람도 그 땅에 거주하였는지라 창 13:7

그 지역에 살고 있던 이방 민족들의 관심이 일순간 아브라함과 롯을 향했을 것이다. 오래전부터 그 지역에서 생활해온 족속들에게는 새롭게 등장한 히브리인들에 대해 호기심이 일었을 것이고, 여러 가지가 궁금했을 것이다. 요즘에는 그런 관심이 예전보다 훨씬 덜하긴 하지만, 우리도 옆집에 새로 이사를 오면 그 사람이 누구인지, 어떤 사람인지 궁금하지 않은가?

그런데 여호와를 섬긴다고 하는 사람들이 남도 아니고 친족 사이에 서로 다투고 찢어졌다는 소문이 퍼지게 된다면 어떻게 되겠는가? 이 사실을 너무나 잘 알고 있었던 아브라함에게는 하나님의 영광을 지켜낼 의무가 있었던 것이다.

오늘날, 협착한 길로 가는 이가 생각보다 적다는 사실이 이것으로 증명된다고 생각한다. 지난 세월, 주님을 섬긴다고 하는 이들끼리 얼마나 서로 싸웠는가! 하나님의 영광이 가리워지는 것은 아랑곳 않고 아군과 적군도 분별하지 못하는 이들이 진정 협착한 길로 가고 있다고 할 수 있는가?

믿음 중심의 길

협착한 길은 '믿음 중심의 길'이다.

성경에서는 믿는 것과 바라보는 것을 동의어로 사용하는 경우가 많다. 예를 들어 세례 요한은 "보라 세상 죄를 지고 가는 하나님의 어린양이로다"(요 1:29)라고 말한다. 이것은 어린양을 믿으라는 뜻이다. 한 가지 더 예를 들자면, 히브리서 기자는 다음과 같이 초대한다.

"믿음의 주요 또 온전하게 하시는 이인 예수를 바라보자"(히 12:2).

이 역시 예수를 믿으라는 표현이다. 믿음은 육안으로 보지 못하는 것을 영안으로 보게 하는 영적 시력이기 때문이다. 즉, 믿음으로 산다는 것은 육신의 눈에 보이는 현실을 전제로 사는 것이 아니라 주님의 약속을 인생의 길잡이로 삼고 나아간다는 뜻이다.

성경은 그날 롯이 본 것과 아브라함이 본 것에 큰 차이가 있음을 지적하고 있다. 롯이 육안으로 본 것에 대해서는 이렇게 소개한다.

> 이에 롯이 눈을 들어 요단 지역을 바라본즉 소알까지 온 땅에 물이 넉넉하니 여호와께서 소돔과 고모라를 멸하시기 전이었으므로 여호와의 동산 같고 애굽 땅과 같았더라 창 13:10

롯은 당장 눈앞에 펼쳐진 현실을 보았다. 그에게는 그것이 전부였다. 그리고 자신이 본 그것에 믿음을 걸고, 그것을 인생의 길잡이로 삼았다.

그러나 아브라함이 인생을 살아가는 방법은 달랐다. 그는 관계 중심적으로 상황을 수습하고자 했으며, 하나님의 영광을 중심에 두고 해결책을 마련하고자 했다. 그러는 사이 롯은 자신이 보기에 좋은 땅을 선택하여 아브라함의 곁을 떠났다.

그러나 스토리는 여기서 끝나지 않았다. 하나님께서 아브라함에게 보여주기 원하시는 것이 있으셨던 것이다.

> 롯이 아브람을 떠난 후에 여호와께서 아브람에게 이르시되 너는 눈을 들어 너 있는 곳에서 북쪽과 남쪽 그리고 동쪽과 서쪽을 바라보

라 보이는 땅을 내가 너와 네 자손에게 주리니 영원히 이르리라
창 13:14,15

하나님께서는 아브라함에게 눈을 들어 사방을 바라보라고 명하셨다. 무엇이 보였을까? 황무지가 보였을 것이다. 티끌과 먼지가 보였을 것이다. 그리고 떠나가는 사랑하는 조카 롯의 뒷모습도 보였을 것이다. 이것은 모두 육신의 눈으로 보이는 현실이다. 믿음이 없이도 볼 수 있는 것들이다. 넓은 길을 가는 자들의 관심사다. 그러나 주님은 아브라함에게 말씀하셨다.

"보이는 땅을 내가 너와 네 자손에게 주리니 영원히 이르리라."

그날, 주님은 아브라함을 위해 황무지라는 캔버스에 말씀이라는 물감으로 약속이라는 그림을 그려주신 것이다!

내가 선 곳에서 하나님나라를 세워가신다

여기서 한 가지 주목해보고 싶은 것이 있다. 하나님께서 아브라함에게 "너는 눈을 들어 너 있는 곳에서" 동서남북을 바라보라고 말씀하셨다는 점이다. 이것은 범위를 정해주시는 표현이다.

하나님나라의 그림은 절대로 추상적이거나 막연하거나 비현실적이지 않다. 어떤 이들은 하나님께 비전과 응답과 인도하심을 받았다고 간증한다. 그러나 그 내용을 조금 살펴보면, 그것은 주님에게서 온 것이 아님을 알 수 있다. 주님은 '나 있는 곳'을 기준으로 하

나님나라를 세워가신다. 자기 가정도 돌보지 못하는 자가 어찌 바른 사역을 할 수 있겠는가? 자기 부모를 공경하지 않는 자가 어찌 선교를 하겠는가? 신앙의 기본기도 갖추지 못한 자가 어찌 쓰임 받을 수 있다고 생각하는가? 주님은 작은 일에 합격된 자에게 큰일을 맡기시는 분이시다.

나에게 허락하신 환경, 나에게 보여주신 상황, 나에게 선물하신 조건이라는 범위에서부터 하나님나라의 그림이 시작된다는 사실을 기억하자. 하나님의 나라는 언제나 질서가 있다. 하나님의 방법은 관계를 중요하게 여긴다. 하나님의 경영은 하나님 자신의 영광을 위하여 진행된다. 그리고 하나님의 약속은 믿음의 눈으로 볼 수 있다.

자신이 걷고 있는 길을 스스로 살펴보고, 이중에서 한 가지라도 아니라면 그 길은 넓은 길이다. 넓은 길의 운명은 멸망이다. 롯이 선택한 소돔과 고모라의 종말이 어땠는지 기억하자.

주님 한 분으로 채워가는 길

셋째, 그 길은 주님 한 분으로 채워가는 길이다.

우리는 지금까지 좁은 문을 통과하여 협착한 길로 행하기 위해서는 우선 짊어지고 있는 짐이 정리되어야 한다는 사실을 살펴보았다. 그리고 이 길은 세상의 눈으로는 보이지 않는다는 사실도 살펴보았다. 이제 마지막으로 이 여정은 주님 한 분으로 채워가는 길이라는 사실에 대해 생각해보려고 한다.

롯이 아브라함을 떠났다. 그러나 너무나 감사한 것이 한 가지 있다. 아브라함의 기도가 응답되었다는 것이다. 그는 하나님을 찾았고, 결국 만나게 되었다. 롯과 이별한 후, 하나님께서 아브라함에게 나타나주신 것이다. 롯이 떠나기 전까지는 그 모습을 볼 수 없었고, 그 음성이 들리지 않았고, 그 품은 너무나 멀게만 느껴졌다. 그러나 가장 사랑하고 의지했던 존재를 떠나보내고 나니 드디어 주님께서 그 자리에 나타나주신 것이다!

많은 사람들이 주님 만나기를 구하지만, 뜨거운 만남이 이루어지지 않는 경우가 많은 것 같다. 왜냐하면 자신이 의지하고 있는 것을 내려놓지 않으면 주님의 깊은 음성을 들을 수 없기 때문이다. 내 삶을 보장해주는 배를 버리지 않으면 절대로 주님을 따라갈 수 없는 법이다. 내가 사랑하는 것을 포기하지 않는 한, 주님으로 완전히 채워지는 경험은 절대로 할 수 없다.

예수 그리스도라는 아름다운 문을 통과하여 협착한 길로 가는 것은 그분으로 채워지기 위함이다. 그 길은 그분으로 인하여 시작하고, 그분을 의지함으로 달려내고, 그분으로 채워지며, 그분으로 완성되는 길이다.

그분과 함께라면 갈 수 있다

예수님이 좁은 문과 협착한 길에 대해 설교하셨던 대상은 갈릴리

언덕에 모여든 이스라엘 자손이었다. 그들은 모세의 율법을 지키는 것이 생명으로 나아가는 길이라고 오랫동안 가르침을 받았고, 그렇게 굳게 믿고 있었던 자들이었다. 행위로 구원에 도달할 수 있노라고 세뇌된 무리였다. 그들 안에 이미 고착된 잘못된 교리로 인하여 구원자 되신 예수 그리스도께서 그들 앞에 서 계신 것도 알아보지 못했던 것이다.

어느 날, 한 부자 청년이 주님을 찾아갔던 사건을 우리는 잘 알고 있다. 그는 율법을 모두 지켰지만, 여전히 무언가 부족하다고 느꼈다.

"그 청년이 이르되 이 모든 것을 내가 지키었사온대 아직도 무엇이 부족하니이까?"(마 19:20)

즉, 그가 진심으로 묻고 싶었던 질문은 무엇을 더 해야 영생을 얻을 수 있느냐는 것이었다. 그런 그에게 주님은 대답하셨다.

"네가 온전하고자 할진대 가서 네 소유를 팔아 가난한 자들에게 주라 그리하면 하늘에서 보화가 네게 있으리라 그리고 와서 나를 따르라"(마 19:21).

주님은 그에게 가장 소중하게 여기는 네 소유를 정리하고 나를 따르라는 부르심을 주셨다. 그 청년은 삶의 '개선'을 통하여 구원을 얻고자 했으나, 주님은 그 청년에게 인생의 주인이 완전히 바뀌는 '거듭남'을 요구하셨던 것이다. 진리와 대면한 그 청년은 결국 근심하며 집으로 돌아갔다.

이에 대해 주님은 "낙타가 바늘귀로 들어가는 것이 부자가 하나님의 나라에 들어가는 것보다 쉬우니라"(마 19:24)라고 말씀하셨다. 충격을 받은 제자들이 묻는다.

"그렇다면 누가 구원을 얻을 수 있으리이까?"(마 19:25)

제자들의 질문에 대한 주님의 답을 기억하는가?

> 사람으로는 할 수 없으나 하나님으로서는 다 하실 수 있느니라
> 마 19:26

협착한 길은 갈 수 있기에 가는 길이 아니다. 그 길은 가기 어려운 길도 아니다. 그 길은 가기 불가능한 길이다!

그 길을 가기 위해서는 한 문을 통과해야 한다. 좁은 문이다. 그러나 아름다운 문이다. 그 문은 예수 그리스도이시다. 그분을 만나고, 그분을 사랑하고, 그분을 한평생 흠모하고, 그분과 함께 순간순간을 동행하는 사람들은 자신도 모르는 사이에 협착한 길을 걷게 되는 것이다. 그리고 머지않아 그 여정이 예수로 채워지는 현장임을 경험하게 될 것이다. 주님은 문이실 뿐만 아니라, 길이기도 하시기 때문이다.

> 내가 곧 길이요 진리요 생명이니 요 14:6

협착한 길을 가는 사람은 여전히 자신이 그러한 길로 행하고 있다는 사실을 인지하지 못한다. 주님과 함께하면 그 어디나 하늘나라이기 때문이다. 진정 협착한 길을 가는 사람의 입술에는 "주님을 위하여 내가 큰 희생을 치렀습니다"라는 생색 어린 고백이 없을 것이다. 주님 때문에 겪는 고난은 특권이고 상급이고 유업이기 때문이다.

> 자녀이면 또한 상속자 곧 하나님의 상속자요 그리스도와 함께한 상속자니 우리가 그와 함께 영광을 받기 위하여 고난도 함께 받아야 할 것이니라 롬 8:17

진정 좁은 길을 가는 사람은 자신이 현재 주님을 위하여 좁은 길을 가고 있다는 영웅 의식도 없다. 그들에게는 유일한 단 한 분의 영웅만 존재하기 때문이다. 우리가 지금껏 찬양을 통해 수없이 고백했듯이 주님의 인도하심을 따라 어디를 못 가겠는가!

◇◇◇

주께서 나를 부르시는 소리가 들리네
주께서 나를 부르시는 소리가 들리네
주께서 나를 부르시는 소리가 들리네
"네 십자가를 지고 나를 좇으라"라 하시네

주님은 나에게 은혜와 영광을 주실 것일세

주님은 나에게 은혜와 영광을 주실 것일세
주님은 나에게 은혜와 영광을 주실 것일세
그리고 끝까지 나와 함께 동행하실 것일세

주께서 나를 어디로 인도하시든, 나는 따르리
주께서 나를 어디로 인도하시든, 나는 따르리
주께서 나를 어디로 인도하시든, 나는 따르리
끝까지 나는 주와 함께 동행할 것일세

◇

I can hear my Saviour calling,
I can hear my Saviour calling,
I can hear my Saviour calling,
"Take thy cross and follow follow Me."

He will give me grace and glory,
He will give me grace and glory,
He will give me grace and glory,
And go with me, with me all the way.

Where He leads me I will follow,
Where He leads me I will follow,
Where He leads me I will follow,
I'll go with Him, with Him all the way.

I Can Hear My Saviour Calling(예수 나를 오라 하네), E. W. Blandy

창세기 14장 1-24절

1 당시에 시날 왕 아므라벨과 엘라살 왕 아리옥과 엘람 왕 그돌라오멜과 고임 왕 디달이 2 소돔 왕 베라와 고모라 왕 비르사와 아드마 왕 시납과 스보임 왕 세메벨과 벨라 곧 소알 왕과 싸우니라 … 14 아브람이 그의 조카가 사로잡혔음을 듣고 집에서 길리고 훈련된 자 삼백십팔 명을 거느리고 단까지 쫓아가서 15 그와 그의 가신들이 나뉘어 밤에 그들을 쳐부수고 다메섹 왼편 호바까지 쫓아가 16 모든 빼앗겼던 재물과 자기의 조카 롯과 그의 재물과 또 부녀와 친척을 다 찾아왔더라 17 아브람이 그돌라오멜과 그와 함께한 왕들을 쳐부수고 돌아올 때에 소돔 왕이 사웨 골짜기 곧 왕의 골짜기로 나와 그를 영접하였고 18 살렘 왕 멜기세덱이 떡과 포도주를 가지고 나왔으니 그는 지극히 높으신 하나님의 제사장이었더라 19 그가 아브람에게 축복하여 이르되 천지의 주재이시요 지극히 높으신 하나님이여 아브람에게 복을 주옵소서 20 너희 대적을 네 손에 붙이신 지극히 높으신 하나님을 찬송할지로다 하매 아브람이 그 얻은 것에서 십 분의 일을 멜기세덱에게 주었더라 21 소돔 왕이 아브람에게 이르되 사람은 내게 보내고 물품은 네가 가지라 22 아브람이 소돔 왕에게 이르되 천지의 주재이시요 지극히 높으신 하나님 여호와께 내가 손을 들어 맹세하노니 23 네 말이 내가 아브람으로 치부하게 하였다 할까 하여 네게 속한 것은 실 한 오라기나 들메끈 한 가닥도 내가 가지지 아니하리라 24 오직 젊은이들이 먹은 것과 나와 동행한 아넬과 에스골과 마므레의 분깃을 제할지니 그들이 그 분깃을 가질 것이니라

3
CHAPTER

참된 왕

천국은 어떤 곳인가?

우리는 '천국'을 죽은 다음에 올라가서 걱정 근심 없이 영원토록 사는 곳 정도로 이해하는 경우가 많다. 그러나 천국은 그렇게 단순한 개념이 아니다. 성경이 우리에게 끊임없이 전해주고자 하는 천국의 그림은 '하나님의 모든 통치 영역'이다. 그래서 천국을 'The Kingdom of God'(하나님의 왕국)이라고 소개하는 것이 나는 정말 맞다고 생각한다. 그렇다! 천국은 하나님께서 왕 되신 모든 곳을 의미한다. 이 진리를 우리는 지금까지 수도 없이 노래해오지 않았는가!

나의 영혼이 죄에서 자유케 되고 보니,

이 세상이 나에게 천국으로 변했다네.

이 세상의 슬픔과 고생 가운데서도

내가 예수를 알고 보니, 바로 여기가 천국일세.

예수께서 미소 지으시는 얼굴을 보기까지

나에게 천국이 멀게만 느껴지던 때도 있었지만

이제는 내 영혼 속에 천국이 시작되었네.

영원무궁토록 이 천국은 펼쳐지리.

이 땅에서 어디에 사는지 뭐가 중요하리.

저 산꼭대기든 저 깊은 계곡이든,

작은 초막이든 아름다운 저택이든,

주님이 계신다면, 거기에 천국이 임한다네.

오 할렐루야, 이것이 실로 천국이로다!

내 죄 사함을 확신하니 천국이로다!

땅이든 바다든 뭐가 중요하리.

주께서 계신다면, 거기에 천국이 임한다네.

Since Christ My Soul From Sin Set Free(내 영혼이 은총 입어) 직역

성도는 그 나라의 왕을 뵙고, 영접하고, 섬기는 왕국 백성(the

Kingdom Citizens)이다. 잠시 이 땅에 살지만 언젠가는 그 도성에 입국이 허락될 운명이다. 그렇다! 천국은 어떤 장소이기 이전에 그 나라 통치자와의 인격적인 만남을 뜻하는 것이다. 따라서 우리는 천국 복락을 누리기에 앞서 주님과의 깊은 교제 속에서 우러나는 황홀함을 배우고 경험해야 하는 것이다.

천국에 대한 확실한 그림을 소유한다는 것은, 천국을 천국 되게 하시는 주권자에 대해 알아간다는 뜻이다. 따라서 천국의 실제와 풍경에 대해 아무리 뛰어난 지식을 소유했다고 해도, 그 나라의 주인에 대한 이해가 정확하지 않다면 천국은 그림의 떡에 불과하다. 그렇기에 영원한 도성을 향해 진정 나아가기를 원한다면, 우선 그 나라의 왕에 대해 정확히 알아야 한다.

성경은 아브라함 역시 하나님나라에 대한 구체적인 그림을 그리기에 앞서서 참된 왕을 독대했던 사건이 먼저 있었음을 전하고 있다. 아브라함이 하란에서 공허한 나날을 보내고 있을 때, 여호와 하나님께서 그를 찾아오셨다.

아브라함에게 나타나신 하나님께서 그에게 하신 약속은, 그를 통해 '큰 민족'을 이루시겠다는 것이었다. 여기서 말하는 '민족'이란 어떤 혈통 중심의 집단을 의미하는 표현이라기보다 위대한 왕국과 새로운 질서를 가리키는 것이다.

참된 왕의 모형을 만나다

그러나 아브라함에게는 여전히 확실한 실체가 필요했다. 한 번도 경험해보지 못한 새로운 질서를 어떻게 갈망할 수 있겠는가? 한 번도 가보지 않은 왕국을 어찌 사모할 수 있겠는가?

하나님께서는 그런 목마름을 가진 아브라함에게 찬란한 왕국의 현실을 살짝 엿볼 수 있게 해주셨다. 우리가 새 아파트를 마련한다고 할 때, 보통 분양이라는 절차를 거친다. 그리고 아파트가 지어지기 전에 분양 절차가 이뤄지는 경우가 대부분이기 때문에, 분양을 받기 전에 모델하우스를 방문한다.

모델하우스를 구경하면서 이상한 경험을 하게 된다. 아직 착공도 하지 않은 존재하지 않는 집이지만, 마치 그 집이 이미 존재하고 있는 듯한 착각을 하게 된다. 그리고 모델하우스를 다 둘러보고 떠날 무렵이 되면, 아직 짓지 않은 그 집에 대한 어느 정도 정확한 그림이 우리 안에 정리된다. 그리고 언젠가 그 집에 입주하게 되면 어떤 생활을 하게 될지 구체적인 꿈을 꾸기 시작한다.

하나님은 아브라함에게 이런 모델하우스와 같은 경험을 허락하셨다. 장차 누릴 왕국의 현실을 간접적으로 경험하는 기회를 주신 것이다. 그날 아브라함은 참된 왕의 모형을 만남으로써 하나님의 약속에 신뢰를 걸었던 자신의 선택이 전혀 헛되지 않았다는 사실을 확인받게 되었다.

그렇다면 아브라함이 미리 엿본 참된 왕은 어떤 왕이었는지, 우리

역시 장차 만나게 될 그 나라의 주인이신 참된 왕은 어떤 분이신지 알아보자.

창세기 14장을 찬찬히 보면, 세상의 왕들과 참된 왕의 모습을 대조적으로 비교하고 있는 것 같다. 일반적으로 많은 사람이 아브라함이 포로로 잡혀간 롯을 구출하는 장면과 멜기세덱의 등장이라는 두 사건 사이에 연관성이 별로 없는 것으로 생각한다. 하지만 왕들의 전쟁에 대한 기록이 멜기세덱의 등장으로 대미를 장식하고 있다는 것은 결코 우연이 아니다. 창세기 기자는 세상의 왕들과 참된 왕을 대조적으로 비교하고자 했던 것이다.

14장을 크게 나누어 보면 1-12절은 세상 왕들의 조잡한 역사에 대한 기록이라고 할 수 있고, 13-24절은 참된 왕의 능력과 위엄과 성품, 그리고 그 왕국의 질서에 대한 소개라고 할 수 있겠다.

세상의 왕들

우선 세상의 왕들과 그 왕들로 인해 구축된 사회의 구조와 질서에 대해 정리해보는 것이 좋겠다. 더 나아가 그러한 세상 왕의 통치 하에 있는 사람들의 예정된 운명에 대해서도 생각해볼 수 있겠다.

이해관계 위에 세워진 구조

이 세상에 '절대적 권위'라는 것은 존재하지 않는다. 그 어떤 위대한 충성과 헌신이라 해도 그 바탕에는 서로를 향한 이해관계가 깔려 있기 때문이다.

'이해관계'라는 것은 인류가 타인과 관계를 맺는 데 있어서 잔인한 시행착오를 끊임없이 반복하고 겪어가며 습득한 생존 방식이라고 할 수 있다. 오랜 세월에 걸쳐 서로 죽고 죽이고 파괴하고 멸종시키다 보니, 이대로 가다가는 인류 전체가 망하게 생겼기에 본능적으로 습득한 교훈인 셈이다. 누가 지도자가 되고, 누가 그 지도자의 지지자가 되는가? 어떤 형태의 관계성을 유지하는가? 그리고 그 관계를 유지하기 위한 임무와 책임은 무엇인가? 이런 여러 가지 틀을 자연스레 만들어내게 된 것이다.

그러나 이런 구조는 한계가 존재할 수밖에 없다. 어느 한순간, 이해관계 속에 얽혀 서로의 관계를 지탱해오던 수많은 요소 중 한 가지라도 변질되거나 무너지면 그 결과가 너무나 자명하기 때문이다. 한쪽은 상대방의 배신이라고 외치고, 다른 한쪽은 정당한 권리 주장이라고 외치다 결국 충돌한다. 이런 비극이 반복되는 이유는 우리의 잠재의식 깊은 곳에는 '네가 뭔데?'라는 생각이 깊이 뿌리 내리고 있기 때문이다. 절대적 주권이 없는 세상의 구조 속에서 절대로 피할 수 없는 현상이다.

성경에서도 이런 모습을 종종 찾아볼 수 있다. 예를 들어, 아론과 미리암은 모세에 대항하여 이렇게 말했다.

"여호와께서 모세와만 말씀하셨느냐 우리와도 말씀하지 아니하셨느냐"(민 12:2).

한마디로 그들은 모세를 향해 "네가 뭔데?"라고 외친 것이다.

비단 성경만이 아니다. 뉴스만 봐도 얼마나 많은 사건 뒤에 '네가 뭔데?'라는 메시지가 깔려 있는가? 직장이나 교회에서 충돌하는 원인도 따지고 들어가 보면 '네가 뭔데?'이다.

우정이나 사랑, 의리나 존경 같은 감정들로 우리 내면의 본성이 잠시 통제되기도 하지만, 사실상 서로 간의 관계를 지탱하는 이해관계라는 사회적 구조는 절대로 사라지지 않을 인류의 본성이 아닌가 싶다. 그 이유는 앞에서 이미 말했듯이 이 세상에는 절대적 주권이 존재하지 않기 때문이다.

창세기 14장에서도 이런 현실을 목격할 수 있다. 여덟 명의 왕이 엘람 왕 그돌라오멜을 12년간 섬기고 있었다. 오래 지속되어온 이 관계가 어느 순간 무너져내리고 말았다. 소돔 왕 베라와 고모라 왕 비르사와 아드마 왕 시납과 스보임 왕 세메벨과 벨라 왕이 연합하여 그돌라오멜에 대항해 반란을 일으킨 것이다. 그리고 당연히 그돌라오멜은 그들의 모의를 반역과 도전으로 받아들였다.

한때 이 아홉 명의 왕들의 동맹은 위대하게 보였을 것이다. 요즘으로 치면, UN이나 G20 같은 국제 연합 기구를 바라보는 우리의 시선과 비슷하지 않았을까. 그러나 위대해 보였던 이들의 동맹 역시 유효기간이 존재하는 이해관계에 불과했다는 사실을 성경은 명백히 폭로하고 있다.

그들의 관계는 처음부터 불안정한 토대 위에 세워져 있었다. 그 이유는 인간의 본성은 그리 단순하지 않기 때문이다. 우리는 누군가의 절대적 권위를 인정하지 않는 죄성을 소유하고 있다. 비록 서로의 이익을 위해 일시적으로는 연합이 가능하나, 결국 그 연합을 뒤흔드는 것은 우리 마음 깊은 곳에서부터 울려 퍼지는 그칠 줄 모르는 한목소리다.

'네가 뭔데!'

그칠 줄 모르는 복수심으로 가득한 사회

그돌라오멜 왕을 12년간이나 잘 섬겨오다가 13년째에 돌연 섬기기를 거절하니, 그 후에는 복수가 뒤따른다.

이들이 십이 년 동안 그돌라오멜을 섬기다가 제십삼 년에 배반한지라 제십사 년에 그돌라오멜과 그와 함께한 왕들이 나와서… 창 14:4,5

이해관계로 맺어진 관계에서는 반드시 대가가 요구되며, 그 요구 조건에 미치지 못하면 책임 추궁이 따르게 되어 있다. 한 해 전만 해도 동맹을 맺었던 형제 국가들이 한순간에 원수로 둔갑하는 냉정한 현실을 맞게 된 것이다. 특히 그돌라오멜과 그의 연합군들의 복수는 매우 치밀하고 체계적이며 잔인했던 것 같다.

아스드롯 가르나임에서 르바 족속을, 함에서 수스 족속을, 사웨 기

> 랴다임에서 엠 족속을 치고 호리 족속을 그 산 세일에서 쳐서 광야 근방 엘바란까지 이르렀으며 그들이 돌이켜 엔미스밧 곧 가데스에 이르러 아말렉 족속의 온 땅과 하사손다말에 사는 아모리 족속을 친 지라 창 14:5-7

이것은 주변의 행성 족속들부터 치기 시작하여 중심으로 공격의 화력을 옮겨갔다는 기록이다. 즉, 상대방의 가장 연약한 부분부터 공략하여 완전히 진멸시키기로 작정했다는 뜻이다.

이것이 세상의 방법이다. 세상의 복수는 만족을 모른다. 잘못이나 행위에 비례해서 복수의 분량이 정해지는 게 아니다. 복수하는 자의 감정이 만족할 때까지 쏟아부어지는 것이 복수의 기준이기 때문이다. 그리고 그 감정은 상대방의 끝을 보아야 비로소 만족이 되니, 이를 어찌하겠는가!

인간의 이런 본성을 제일 잘 알고 계신 하나님께서 구약시대에 소개하신 율법이 'LEX TALIONIS'(동해보복)이다. 일반적으로 '눈에는 눈, 이에는 이'라고 알려진 법칙이다(출 21:24,25 참조). 어떤 사람들은 이것이 매우 원시적인 복수의 방침이라고 지적한다. 그러나 그들은 인간의 죄성을 잘 모르기 때문에 이런 말을 하는 것이다. 인간은 절대로 눈은 눈으로, 이는 이로 갚는 점잖은 존재가 아니다. 누군가 자신의 눈에 손상을 입히면 가해자의 눈이 아니라 생명을 취해야 직성이 풀리는 존재다. 자기가 손해를 입은 것 이상으로 되갚아주어야 속이 시원해지는 존재가 인간이다.

이런 우리를 너무나 잘 아시는 하나님께서 최소한의 상한선으로 주신 것이 '눈은 눈으로, 이는 이로'만 갚으라는 제한이었다. 그리고 우리 주님은 이 땅에 오셔서 율법을 완성하시며 다음과 같이 말씀하셨다.

> 또 눈은 눈으로, 이는 이로 갚으라 하였다는 것을 너희가 들었으나 나는 너희에게 이르노니 악한 자를 대적하지 말라 누구든지 네 오른편 뺨을 치거든 왼편도 돌려 대며 마 5:38,39

지저분한 악순환으로 멸망할 세상

결국, 그돌라오멜 연합국과 그를 배반한 5개국과의 정면충돌이 싯딤 골짜기에서 이뤄지게 되었다.

> 소돔 왕과 고모라 왕과 아드마 왕과 스보임 왕과 벨라 곧 소알 왕이 나와서 싯딤 골짜기에서 그들과 전쟁을 하기 위하여 진을 쳤더니 엘람 왕 그돌라오멜과 고임 왕 디달과 시날 왕 아므라벨과 엘라살 왕 아리옥 네 왕이 곧 그 다섯 왕과 맞서니라 싯딤 골짜기에는 역청 구덩이가 많은지라 창 14:8-10

여기서 너무나 의미심장한 표현이 사용되고 있다.

"싯딤 골짜기에는 역청 구덩이가 많은지라."

당시 전쟁 상황과 전쟁터에 대한 단순한 설명일 수도 있으나, 그냥 넘어갈 수 없는 표현이란 생각이 들었다. 그날 참전한 용사들은 모두 역청 구덩이에 빠지게 되었다. 죽이는 자나 죽임당하는 자나 예외가 없었다. 아주 지저분한 전쟁이 되어버렸다는 뜻이다.

이 세상의 충돌과 분쟁과 전쟁이 다 그런 것 같다. 흡사 전투 현장 같은 이 세상에서 어떤 이는 양심을 버리고 도망하고, 어떤 이는 한때 고수했던 원칙을 저버린 채 타협하며, 또 어떤 이는 순전했던 초심을 상실하고 만다. 배반당하여 분노하며 복수하는 자도 결국은 역청 구덩이에 빠진 자와 같이 지저분해지고, 자기 이익을 위해 배반하고 발버둥 치는 자도 추해지는 법이다. 이것이 멸망할 세상이 우리에게 끊임없이 보여주고 있는 지저분한 역사의 악순환이다.

이런 소동의 한쪽에 롯이 있었다.

> 소돔에 거주하는 아브람의 조카 롯도 사로잡고 그 재물까지 노략하여 갔더라 창 14:12

마치 폭탄이 터지면서 파편이 튀어 다치듯이 롯은 왕국 간의 전쟁에 애꿎은 피해자가 된 것이다. 그와 그의 가족은 모든 재물을 탈취당하고 하루아침에 전쟁 포로 신세가 되었다.

그런데 여기서 한 가지 중요한 질문이 있다. 롯은 그저 억울한 피해자인가? 절대 그렇지 않다. 그가 온전하지 못한 토대 위에 집을 세운 미련한 자이기 때문이다. 요동할 수밖에 없는 도성에 인생을 건축한 어리석은 자이기 때문이다. 육신의 눈에 보이는 것만 따르며 인생길을 걸어온 자이기 때문이다.

우리도 마찬가지다. 언제 무너져도 이상하지 않은 이해관계 위에 구축된 불안정한 사회구조를 자기 인생의 토대로 삼고, 복수의 악순환 속에서 끊임없이 소용돌이치는 세상 속에 자신의 삶을 펼쳐낸다면 이 세상이 멸망할 때 우리도 함께 침몰하게 될 것은 정해진 사실이다. 그날, 누구도 원망할 자격이 없다. 이 땅에서 절망하고, 좌절하고, 낙망하는 것은 그 누구의 책임도 아니다. 우리는 절대로 억울한 피해자가 아니다. 자신의 인생을 멸망할 터 위에 세우기로 한 장본인이 누구인가!

참된 왕

그렇다면 이제 세상의 왕과 대조되는 참된 왕에 대해 잠시 생각해 보자. 참된 왕은 여호와 하나님 한 분뿐이시다. 그리고 그분의 나라는 영원한 도성이다.

아브라함은 조카 롯을 구하기 위해 뛰어든 전쟁 속에서 영원한 왕이신 하나님의 도우심을 경험했다. 그리고 전쟁의 안개가 걷힌 후, 그는 멜기세덱을 통해 참된 왕과 그 왕국의 모형을 목격하게 되었다. 그가 간접적으로나마 경험한 참된 왕은 어떤 분이신가?

능력의 왕

롯의 피랍 사건에 대한 소식이 아브라함에게 전해졌다.

> 도망한 자가 와서 히브리 사람 아브람에게 알리니 그때에 아브람이 아모리 족속 마므레의 상수리 수풀 근처에 거주하였더라 창 14:13

이 소식을 들은 아브라함은 즉각 군대를 조성한다. 마므레와 에스골과 아넬을 통하여 동맹군을 모집해 구성한 것이다.

> 마므레는 에스골의 형제요 또 아넬의 형제라 이들은 아브람과 동맹한 사람들이더라 아브람이 그의 조카가 사로잡혔음을 듣고 집에서 길리고 훈련된 자 삼백십팔 명을 거느리고 단까지 쫓아가서 창 14:13,14

아브라함의 집에서 참전한 용사들만 318명이라고 성경은 기록하고 있다. 이를 기준으로 한다면, 네 명의 족장들이 연합하여 약 1천 2,3백여 명 정도의 군사를 동원했다고 추정할 수 있다. 적지 않은 숫자지만 여전히 그돌라오멜과 그와 함께한 세 명의 왕의 군사력에 맞서기에는 역부족인 것이 분명하다. 단지, 그돌라오멜과 그의 연합군은 다른 왕들과의 전투를 통해 군사력이 다소 저하되어 있었으며, 또 족장들의 습격을 전혀 예상하지 못했다는 사실만이 아브라함에게 유리했을 뿐이다.

그렇게 전쟁터로 나간 아브라함은 그돌라오멜을 비롯한 세 명의 왕과 겨루게 된다. 그리고 기적이 일어난다. 아브라함이 왕들의 연합군에 대항하여 큰 승리를 거둔 것이다.

> 그와 그의 가신들이 나뉘어 밤에 그들을 쳐부수고 다메섹 왼편 호바까지 쫓아가 모든 빼앗겼던 재물과 자기의 조카 롯과 그의 재물과 또 부녀와 친척을 다 찾아왔더라 창 14:15,16

이 기록을 접하며 우리는 자칫 잘못하면 아브라함의 용맹스러움을 교훈으로 삼고자 하는 실수를 범하기 쉽다. 그러나 이 사건의 주인공은 결코 아브라함이 아니다. 그날 전쟁의 영웅은 여호와 하나님이시다! 살렘 왕 멜기세덱은 이 사실을 너무나 명확하게 아브라함에게 확인시켜준다.

> 그가 아브람에게 축복하여 이르되 천지의 주재이시요 지극히 높으신 하나님이여 아브람에게 복을 주옵소서 너희 대적을 네 손에 붙이신 지극히 높으신 하나님을 찬송할지로다 하매 아브람이 그 얻은 것에서 십 분의 일을 멜기세덱에게 주었더라 창 14:19,20

영원한 도성의 왕은 전쟁에 능하신 분이다. 그분은 그날에 아브라함의 전쟁을 도우셨고, 지금도 자신의 왕국을 위해 싸우시는 분이다. 이 세상 누구도 그분에 비할 수 없다. 세상의 모든 왕국이 다 그분의 나라를 대적한다고 할지라도 그들의 계교는 결국 패망하게 되어 있다.

> 왕의 손이 왕의 모든 원수들을 찾아냄이여 왕의 오른손이 왕을 미워하는 자들을 찾아내리로다 왕이 노하실 때에 그들을 풀무불 같게 할 것이라 여호와께서 진노하사 그들을 삼키시리니 불이 그들을 소멸하리로다 왕이 그들의 후손을 땅에서 멸함이여 그들의 자손을 사람 중에서 끊으리로다 비록 그들이 왕을 해하려 하여 음모를 꾸몄으나 이루지 못하도다 시 21:8-11

그분은 지금도 칼을 가시듯 준비하고 계신다. 이 세상의 왕국들과의 마지막 충돌이 남아 있기 때문이다. 머지않아 그분은 자신의 군대와 함께 이 땅에 임하실 것이다. 그날, 우리는 세상과 함께 망할 것인가? 아니면 지금, 능력의 왕의 편에 서겠는가? 아브라함은 능력의 왕을 신뢰하기로 선택했다!

전쟁에서 승리를 거두고 돌아오는데 소돔 왕과 살렘 왕 멜기세덱이 그를 영접하기 위해 나왔다. 소돔 왕은 전쟁에 참여하여 승리하고 돌아온 아브라함의 수고에 대한 보은과 감사의 표시로 전쟁에서 얻은 모든 물품을 가져갈 것을 제안했다. 그에 대해 아브라함은 이렇게 대답한다.

> 아브람이 소돔 왕에게 이르되 천지의 주재이시요 지극히 높으신 하나님 여호와께 내가 손을 들어 맹세하노니 네 말이 내가 아브람으로 치부하게 하였다 할까 하여 네게 속한 것은 실 한 오라기나 들메끈 한 가닥도 내가 가지지 아니하리라 오직 젊은이들이 먹은 것과 나와 동행한 아넬과 에스골과 마므레의 분깃을 제할지니 그들이 그 분깃을 가질 것이니라 창 14:22-24

이 고백 속에서 우리는 두 가지를 확인할 수 있다. 첫째는 자신이 언젠가 위대한 민족을 이룰 것이라는 아브라함의 확신이다. 따라서 그는 소돔 왕에게 신세를 졌다는 흔적조차 남기기를 단호히 거절할 수 있었다. 세상 왕의 도움으로 이루지 못할 것을 참된 왕의 능력으로 완성할 것임을 잘 알았기 때문이다.

둘째로 그는 멜기세덱을 만남으로 하나님에 대한 보다 더 정확한 신학이 형성되었다는 점이다. 아브라함이 하나님을 향하여 "천지의 주재이시요 지극히 높으신 하나님 여호와"라고 선포한 것은 스스로 깨달은 바가 아니다. 이것은 멜기세덱이 정의해준 신학이다. 이전까지는 아브라함이 하나님을 이렇게 부른 적이 없다. 그런데 아브라함을 맞으러 나온 멜기세덱이 뭐라고 말했는지 다시 한번 보자.

"천지의 주재이시요 지극히 높으신 하나님이여 아브람에게 복을 주옵소서 너희 대적을 네 손에 붙이신 지극히 높으신 하나님을 찬송할지로다."

그날 아브라함은 전쟁터라는 체험관에서 하나님의 능력을 피부로 경험하게 되었고, 멜기세덱의 말을 통해 본인이 경험한 하나님에 대해 정의가 된 것이다.

엄위의 왕

아브라함이 멜기세덱을 통해 목격한 참된 왕은 또한 엄위가 넘치는 모습이었다. 성경은 멜기세덱에 대해 다음과 같이 소개한다.

> 살렘 왕 멜기세덱이 떡과 포도주를 가지고 나왔으니 그는 지극히 높으신 하나님의 제사장이었더라 창 14:18

우선, 여기서 우리는 멜기세덱이 살렘(Salem)의 왕임을 알 수 있다. 살렘은 우리가 잘 알고 있는 단어 '샬롬'과 어원이 같다. 즉, 멜기세덱은 '평강이라는 도성의 왕'이란 뜻이다. 얼마나 아이러니한가? 우리가 지금까지 지켜본 모습이 무엇인가? 이 세상 왕들이 전쟁과 복수의 구덩이 속에서 서로 뒤엉켜 충돌하는 모습이었다. 그런데 멜기세덱은 그 모습과 너무나 대조적인 모습으로 아브라함에게 다가왔다. 그는 이 세상의 왕들과는 달리 '평강의 왕'이었다!

한 가지 더 강조하고 싶은 것이 있다. 성경에서 말하는 '샬롬'의 개념은 단순히 평화로운 상태를 뜻하는 것이 아니다. 오히려 '완전함'이란 단어가 더 정확한 표현이라고 생각한다. 이 세상 왕국들은 불안정한 토대 위에 세워졌다. 그래서 끊임없이 요동하고 진동한다. 그러나 멜기세덱은 완전한 나라(살롬)의 왕이었다. 이것은 그의 정권과 그 사회질서의 안정감을 강조하는 표현이다. 그 엄위가 상상이 가는가?

그뿐만 아니라 성경은 멜기세덱의 근원에 대해 침묵하고 있다. 그의 족보에 대해서도 아무런 소개가 없다. 그저 '지극히 높으신 하나님을 섬기는 제사장'이라는 사실만이 기록되어 있을 뿐이다. 이것은 독립성을 의미한다. 이 세상 왕들과 함께 지저분한 '역청 구덩이' 속으로 들어가는 이가 아니라는 뜻이다. 멜기세덱은 그들 위에 있는 자였다.

그의 이름도 명예롭다. '멜기세덱'(Melchizedek)은 히브리어 '멜렉'(Melekh, king, 왕)과 '차다크'(Tzadaq, righteousness, 의)의 합성어인데, 'The King of Righteousness', 즉 '정의의 왕'이라는 의미를 가지고 있다. 얼마나 경이로운 이름인가! 이름만 들어도 그 앞에 엎드려 경배해야 할 것 같은 경외심이 든다.

여기서 또 한 가지 흥미진진한 에피소드를 목격할 수 있다. 아브라함이 전쟁을 마치고 돌아오는 길에 먼저 그를 마중 나간 인물은 소돔 왕이었다.

아브람이 그돌라오멜과 그와 함께한 왕들을 처부수고 돌아올 때에

소돔 왕이 사웨 골짜기 곧 왕의 골짜기로 나와 그를 영접하였고
창 14:17

소돔 왕은 전쟁을 마치고 귀환하는 아브라함을 환영하고, 그와 이야기를 나누고자 했다. 그가 나누고자 했던 대화의 요지는 21절에서 알 수 있다. 소돔 시민은 돌려보내고, 탈취물은 가져도 된다는 것을 말하고자 했다. 그러나 도중에 멜기세덱이 등장한다.

살렘 왕 멜기세덱이 떡과 포도주를 가지고 나왔으니 창 14:18

참된 왕이 등장하는 순간, 소돔 왕에 대한 언급이 중단되는 것을 볼 수 있다. 멜기세덱이 아브라함을 축복하고, 아브라함이 멜기세덱에게 십일조를 바치는 모든 일이 완전히 다 마무리되기까지 소돔 왕은 조용하다. 누가 왕들의 입을 막겠는가! 이것은 멜기세덱의 압도적인 엄위를 나타내는 대목이다. 지금까지 본 적이 없는 절대적 주권 앞에 소돔 왕은 서게 된 것이다. 이 세상 왕을 멈추게 한 왕 중의 왕의 모습이다.

섬김의 왕

우리가 이 세상에서 절대적 주권을 찾을 수 없는 이유 중 한 가지는 그 누구도 절대적 종의 형상을 취하지 않기 때문이다. 특히, 고

위직에 있는 사람이 낮은 자리에서 진심으로 섬기는 것을 보기는 정말 쉽지 않은 것 같다. 많은 정치인들이 선거를 치르기 전 이벤트로서 연출된 섬김의 모습을 보여준다. 우리는 이제 그 모습에 싫증이 난다.

그렇기에 지위가 높으면 높을수록 그 사람이 자신을 진정으로 낮출 때, 우리는 그것을 더욱 존귀하게 평가한다. 멜기세덱이 엄위의 왕인 동시에 섬김의 왕이라는 사실이 너무나 기이하다. 뿐만 아니라 그의 섬김의 손길을 통하여 그의 나라에 대해서도 그림이 그려진다. 그는 그 섬김의 모습을 통해 다음과 같은 세 가지를 명백히 보여주었다.

그가 보여준 첫 번째는 '섬김의 사회질서'이다. 그는 소돔 왕과는 달리, 아브라함에게 마음의 빚을 진 것이 없다. 그러나 그는 전쟁에서 지쳐 돌아오는 아브라함을 맞이하고자 떡과 포도주를 준비하여 나왔다. 이것은 섬김을 의미한다. 우리 여호와 하나님은 그런 분이시다. 열왕기상 19장에 보면 곤비하여 사역을 포기하고 죽기를 자청하는 엘리야에 대한 기록이 있다. 하나님께서는 그를 위해 천사를 보내시어 요리를 준비해주셨다.

> 로뎀 나무 아래에 누워 자더니 천사가 그를 어루만지며 그에게 이르되 일어나서 먹으라 하는지라 본즉 머리맡에 숯불에 구운 떡과 한 병 물이 있더라 이에 먹고 마시고 다시 누웠더니 왕상 19:5,6

우리 주님은 어떠하셨는가? 부활하신 예수님은 사랑하는 제자들에게 찾아오셔서 친히 숯불을 준비하시고 생선 요리로 아침 식탁을 준비해주셨다(요 21장 참조). 이렇듯 왕 중의 왕의 모형인 멜기세덱은 섬김의 왕이다. 이런 왕이 통치하는 나라라면 그 나라의 근간이 되는 사회질서는 어떤 모습이겠는가? 아마도 그 핵심은 '섬김'일 것이다.

또한 두 번째로 멜기세덱은 '축복이 그 사회의 기둥'이라는 사실을 몸소 보여주었다.

> 그가 아브람에게 축복하여 이르되 천지의 주재이시요 지극히 높으신 하나님이여 아브람에게 복을 주옵소서 창 14:19

멜기세덱과의 짧은 만남에서 아브라함의 기억에 평생 남은 한 가지가 있다면 무엇이었을까? 그 엄위의 왕이 자신을 축복했다는 사건일 것이다.

만약 우리 중 누군가 정말 유명하고 하나님의 능력으로 충만한 하나님의 사람에게 안수 기도를 받았다면, 그 사실을 오랫동안, 어쩌면 평생 기억할 것이다. 아마 아브라함도 그날의 사건을 평생 곱씹었을 것이 분명하다. 그 앞에 엎드려져 경배했어야 마땅한데, 멜기세덱은 오히려 아브라함을 축복하는 것에 우선순위를 두고 있었다는 사실이 적잖이 충격이었을 것이다.

그날 아브라함은 깨달았을 것이다.

'실제로 이런 왕과 왕국이 존재하는구나!'

아브라함이 하나님의 음성을 처음 듣고 떠났을 때만 해도, 사실 그림이 잘 그려지지 않았을 것이다. 자신을 통해 어떤 민족이 설립될지 꿈에도 몰랐을 것이다. 당시 아브라함이 소유하고 있던 세계관으로는 그런 왕국과 질서를 상상한다는 것은 도저히 불가능했다. 그러나 이제 실상을 직접 만남으로써 확인이 된 것이다. 막연하게만 보였던 하나님의 비전에 가까운 실제 모델이 그 앞에 나타난 것이기 때문이다. 그는 섬김의 왕이었다. 그리고 그 섬김의 도구는 축복이었다.

그리고 마지막으로 한 가지, 아브라함이 멜기세덱을 통해 목격한 왕국 현실이 있다. 그것은 '은혜의 사회질서'이다. 성경은 여기서 아브라함이 멜기세덱에게 십일조를 바치는 장면을 소개하고 있다. 이는 두 가지에 대한 반응이었다. 하나는 전쟁에서 이기게 하신 하나님께 바치는 예물이었다.

> 너희 대적을 네 손에 붙이신 지극히 높으신 하나님을 찬송할지로다 하매 아브람이 그 얻은 것에서 십 분의 일을 멜기세덱에게 주었더라
> 창 14:20

원수를 물리칠 수 있도록 도우신 여호와께 드리는 감사의 표시로

제사장인 멜기세덱에게 준 것이다. 또 하나는 멜기세덱에게 받은 축복에 대한 반응이었다. 떡과 포도주를 가지고 마중 나와 아브라함을 축복한 왕에게 바친 감사의 예물이었던 것이다.

어찌 되었든 한 가지는 분명하다. 아브라함이 십일조를 바친 것은 승리와 축복에 대한 반응이었지, 원인은 아니었다는 사실이다. 즉, 십일조를 바쳤기에 전쟁에서 승리하고 왕의 축복을 받게 된 것이 아니라는 뜻이다. 오히려 그는 십일조와는 무관하게 하나님의 전적인 도우심으로 전쟁에서 승리했다. 그리고 멜기세덱의 적극적인 접근으로 축복의 수혜자가 된 것이다. 이것을 은혜라고 한다. 아브라함이 드린 예물은 받은 은혜에 대한 감격의 표현인 것이다.

그러한 은혜를 보여준 멜기세덱은 이 세상 왕들과는 다르다. 소돔 왕은 전쟁에 대한 정당한 보응을 말하며 아브라함과 흥정하고자 한다. 그는 지극히 당연한 것을 하면서, 대단한 호의를 베푸는 듯 행세했다. 하지만 그 모습과는 너무나 대조적으로 멜기세덱은 아무런 조건 없이 아브라함의 축복을 빌어주었다.

이러한 은혜의 왕이 일으키고 다스리는 왕국이라면 어떤 곳일까? 은혜가 주도하는 사회질서가 충만한 왕국이라면 그곳에 속한 백성들은 얼마나 행복할까? 그 모습을 통해 이제 밀고 먼 믿음의 여정을 걸어가고자 하는 아브라함에게 있어서 목적지에 대한 그림이 정확하게 그려지기 시작한 것이다. 그는 입주하기 전에 분양 받을 처소의 모델하우스를 방문한 것이고, 영원한 도성에 입성하기 전에 그 나라에 대한 소개를 받은 것이다.

참된 왕이신 예수 그리스도

지금까지의 내용을 살펴보면서, 이런 아쉬움을 가질 수 있다. '우리도 멜기세덱과 같은 왕을 만날 수만 있다면, 하나님나라에 대한 더 정확한 그림을 그리며 그곳을 향해 힘있게 전진할 수 있지 않을까?' 하는 바람이다. 그러나 기억하길 바란다. 멜기세덱 역시 모형에 지나지 않는다는 사실을!

그럼 실상은 누구인가? 그분은 우리가 주(主)로 시인하고 있는 예수 그리스도이시다! 그분은 왕으로 이 땅에 오셨다. 그분이야말로 평강의 왕이요 정의의 왕이시다. 그분은 엄위의 왕이시지만, 동시에 지극히 높으신 하나님의 대제사장이시다.

그분은 천국의 영광과 존귀와 권세를 스스로 내려놓으시고, 이 땅에 섬기러 오셨다. 작은 시골 마을 한구석의 말구유에서 탄생하시고, 한평생 가족과 이웃과 백성을 사랑하며 섬기셨다. 그리고 그분은 제자들의 발을 씻어주시며 하나님나라의 질서에 대한 정확한 그림을 우리의 가슴판에 뜨겁게 새겨주셨다. 그분은 천국 복음을 전하시며 영원한 나라의 가치관에 대해 우리에게 가르쳐주셨다.

> 누구든지 이 어린아이와 같이 자기를 낮추는 사람이 천국에서 큰 자니라 마 18:4

그리고 무지한 우리도 알아듣기 쉽게 그분의 왕국에 대해서 여러 가지 비유로 친절하게 알려주셨다.

"천국은 마치…"(마 13:31,33,44,45,47 ; 20:1 ; 25:1).

그분은 잃어버린 양을 찾으러 오셨다. 양이 그를 찾아간 것이 아니다. 그분이 갈 길 몰라 헤매고 있는 양에게 오신 것이다. 그분은 자신의 생명을 버림으로 죄인을 구하셨다. 우리가 아직 죄인 되었을 때, 그분은 우리를 위하여 죽으신 것이다. 그분은 은혜의 왕이시다!

그분은 떡과 포도주로 지친 심령을 위로하신 정도의 차원이 아니라, 자신의 살과 피로 죽은 영혼을 살리신 분이시다! 그분은 레위 족속의 반차를 따라 율법 아래 있는 제사장이 아니다. 그분은 멜기세덱의 반차를 따라 율법이 존재하기도 전에 계셨던 분이고, 율법 위에 게시는 분이시다.

그분은 우리에게 아버지를 보이셨다. 그분을 본 자는 아버지를 본 것이라고 말씀하셨다. 아직 가보지 않은 나라이긴 하지만, 이제 그 나라가 우리에게는 생소하게, 어색하게, 멀게 느껴지지 않는다. 사랑하는 아버지가 계신 곳이기에 그곳을 사모하여 달려가게 하신 것이다! 우리는 천국의 모델하우스를 본 정도가 아니라 천국의 주인을 사랑하게 된 것이다.

그분은 우리보다 먼저 그곳에 입성하여 우리가 거할 처소를 준비하신다고 약속하셨다. 그리고 멜기세덱이 아브라함을 마중 나온 것처럼, 그 처소가 준비되면 그분도 우리를 마중 올 것이라고 일러주셨다(요 14:1-3 참조).

이제 그곳을 향하여 확신을 가지고 나아가자. 다가오는 천국을 향한 막연함을 분명함으로, 닥쳐올 죽음을 향한 두려움을 산 소망으로, 그리고 오늘의 불신을 하나님을 아는 지식으로 변화시키자. 우리는 참된 왕의 백성이다!

> 그들이 이제는 더 나은 본향을 사모하니 곧 하늘에 있는 것이라 이러므로 하나님이 그들의 하나님이라 일컬음 받으심을 부끄러워하지 아니하시고 그들을 위하여 한 성을 예비하셨느니라 히 11:16

주를 향한 찬양의 고백이 우리의 고백으로 날마다 울려 퍼지기를 소원한다.

◇◇◇

저 멀리 뵈는 언덕에 낡은 십자가 서 있도다
고난과 수치의 상징인
이 십자가를 나는 사랑한다오
잃어버린 영혼, 죄인들을 위하여
가장 사랑스러우신 그분이 죽으신 십자가이기에

이 낡은 십자가를 향해 나는 언제나 진실되리
십자가의 수치와 멸시는 기쁨으로 짊어지리
그러면 저 멀리 뵈는 본향으로
언젠가 그분께서 나를 불러주실 것일세

그곳에서 나는 그의 영광을 영원토록 함께하리

그래서 나는 이 낡은 십자가를 소중히 여긴다오!
나의 트로피를 그 발 앞에 내려놓는 순간까지
나는 이 십자가에 굳게 매달리리
십자가를 면류관으로 바꾸는 그날까지

◇

On a hill far away stood an old rugged cross,
The emblem of suffering and shame;
And I love that old cross
where the dearest and best
For a world of lost sinners was slain.

To the old rugged cross, I will ever be true,
Its shame and reproach gladly bear;
Then He'll call me someday
To my home far away,
Where His glory forever I'll share.

So I'll cherish the old rugged cross,
Till my trophies at last I lay down;
I will cling to the old rugged cross,
And exchange it someday for a crown.

On a Hill far Away(갈보리산 위에), George Bennard

창세기 15장 1-21절

1 이후에 여호와의 말씀이 환상 중에 아브람에게 임하여 이르시되 아브람아 두려워하지 말라 나는 네 방패요 너의 지극히 큰 상급이니라 2 아브람이 이르되 주 여호와여 무엇을 내게 주시려 하나이까 나는 자식이 없사오니 나의 상속자는 이 다메섹 사람 엘리에셀이니이다 3 아브람이 또 이르되 주께서 내게 씨를 주지 아니하셨으니 내 집에서 길린 자가 내 상속자가 될 것이니이다 4 여호와의 말씀이 그에게 임하여 이르시되 그 사람이 네 상속자가 아니라 네 몸에서 날 자가 네 상속자가 되리라 하시고 5 그를 이끌고 밖으로 나가 이르시되 하늘을 우러러 뭇별을 셀 수 있나 보라 또 그에게 이르시되 네 자손이 이와 같으리라 6 아브람이 여호와를 믿으니 여호와께서 이를 그의 의로 여기시고 7 또 그에게 이르시되 나는 이 땅을 네게 주어 소유를 삼게 하려고 너를 갈대아인의 우르에서 이끌어낸 여호와니라 8 그가 이르되 주 여호와여 내가 이 땅을 소유로 받을 것을 무엇으로 알리이까 9 여호와께서 그에게 이르시되 나를 위하여 삼 년 된 암소와 삼 년 된 암염소와 삼 년 된 숫양과 산비둘기와 집비둘기 새끼를 가져올지니라 10 아브람이 그 모든 것을 가져다가 그 중간을 쪼개고 그 쪼갠 것을 마주 대하여 놓고 그 새는 쪼개지 아니하였으며 … 17 해가 져서 어두울 때에 연기 나는 화로가 보이며 타는 횃불이 쪼갠 고기 사이로 지나더라 18 그날에 여호와께서 아브람과 더불어 언약을 세워 이르시되 내가 이 땅을 애굽 강에서부터 그 큰 강 유브라데까지 네 자손에게 주노니 19 곧 겐 족속과 그니스 족속과 갓몬 족속과 20 헷 족속과 브리스 족속과 르바 족속과 21 아모리 족속과 가나안 족속과 기르가스 족속과 여부스 족속의 땅이니라 하셨더라

CHAPTER 4

큰 흑암의 공포 속에서

여전히 만만치 않은 길

멜기세덱과의 만남은 아브라함에게 있어서 하나님나라 왕국의 모델하우스를 잠시 방문한 것과 같은 경험이 되었다. 멜기세덱을 통해 참된 왕의 능력과 엄위와 섬김의 모습을 엿보고, 또한 영원한 도성의 사회 구조와 질서를 조금이나마 맛볼 수 있었던 기회가 되었을 것이다.

   하지만 아브라함의 여정은 여전히 만만치 않았다. 이 길을 걷다 보면 때로는 흑암으로 덮이는 순간이 있다. 가는 길이 잘 보이지 않고, 나아가야 할 목적지가 흐릿해져버린다. 어디서 왔는지, 어디로 가는지, 얼마나 가야 하는지, 어떻게 가야 하는지도 모르겠는 자리에 홀로 서 있는 것 같은 순간이 종종 찾아온다. 그 순간 우리를 감싸 조여오는 공포로 인해 우리 삶은 마비되어버리고 만다.

큰 흑암의 공포 속에서 우리는 어떻게 해야 하는가? 그 과정과 그 시간을 어떻게 돌파해야 하는가? 앞으로 살아갈 날들이 까마득하게 보일 때, 지나온 날들도, 다가올 내일도, 당장 오늘 살 길도 보이지 않을 때, 우리는 무엇을 해야 하는가? 하루하루 점점 더 어두워져만 가는 이 시대 속에서 우리는 어떻게 살아가야 하는가? 우리 앞에 놓인 수많은 이별과 아픔을 우리는 어떻게 감당해야 하는가? 우리는 이 질문들에 뭐라 답할 수 있을까?

본문에서 우리는 큰 흑암의 공포 속에 들어간 아브라함의 모습을 볼 수 있다. 그 흑암의 공포 속에서 과연 아브라함은 어떤 삶의 모습을 보였는지 살펴보고, 그 모습을 통해 이 질문들에 대한 답을 생각해보자.

아브라함의 환상 속에서

창세기 15장을 볼 때 보통은 크게 두 부분으로 나누어 생각한다. 첫 번째 부분은 아브라함의 환상 중에 임한 하나님의 음성이고(1-6절), 두 번째 부분은 그 환상 이후에 제단 위에 임한 하나님의 횃불에 관한 내용이다(7-21절). 그러나 나는 본문 말씀을 읽으면 읽을수록 15장 전체가 아브라함의 환상 속에서 일어난 사건이란 사실을 부인할 수 없다는 생각이 들었다. 어느 곳에서도 아브라함이 중간에 환상에서 깨어났다는 기록을 찾을 수 없다.

예를 들어, 하나님의 음성을 들은 아브라함이 환상에서 깨어난 후 제단을 쌓은 것이라면 중간에 '아브람이 잠에서 깨어 아뢰되' 같은 표현과 함께 다음 이야기가 전개되었을 것이다. 그러나 오히려 7절 말씀에 보면 여전히 그 환상 가운데서 대화가 끊이지 않고 계속되고 있음을 알 수 있다.

"또 그에게 이르시되…"(창 15:7).

즉, 15장 전체의 내용이 아브라함에게 임한 환상 중에 일어난 사건이란 뜻이다. 이 사실은 본문을 바로 이해하는 데 크게 도움이 된다. 그날 아브라함이 보았던 환상의 배경은 당시 그의 심적 상태를 잘 나타내고 있었기 때문이다.

우리도 그런 경험을 할 때가 종종 있지 않은가? 어떤 일로 인해 근심하다가 잠이 들면, 그날 꾸는 꿈의 전체적 분위기가 뒤숭숭하다. 왠지 모르는 어두움과 무거움을 느끼게 된다. 아브라함도 마찬가지가 아니었나 싶다. 아브라함의 당시 심적 상태에 대해 본문은 다양한 표현을 동원하여 잘 나타내고 있다.

예를 들어, 12절에 보면 "해 질 때에…"라는 표현이 있다. 이것은 하루가 저물어가는 시간대를 나타내는 표현이지만, 동시에 인생의 막이 내려가고 있는 데 대한 조바심과 초조함을 강조하고 있는 표현이기도 하다. 생기의 촛불이 꺼져갈 때, 혹은 기대의 불길이 힘을 잃어갈 때를 나타내는 표현이다.

아브라함의 인생에서 가장 큰 전투는 다름 아닌 시간과의 싸움이었다. 아이를 낳을 수 있는 생리적 기한은 이미 지나갔고, 기력은 날로 쇠하여가며, 하루하루 해가 질 때마다 하나님이 주신 약속이 이뤄질 가능성은 날로 더 희박해져가고 있었기 때문이다. 그의 일상은 숨 막히는 기다림의 연속이었다.

이어서 "깊은 잠이 임하고…"라는 표현이 나온다. 이 역시 환상 속에서 진행되는 사건이다. 우리도 꿈속에서 잠을 자는 경우가 있지 않은가? 이 표현 역시 아브라함의 당시 상태를 잘 보여주고 있다. 이것은 매우 지친 나머지 탈진하여 비몽사몽 헤매기 시작했다는 뜻이다.

그돌라오멜의 세력에 맞서서 싸운 직후였다. 위대한 승리를 경험했다고는 하지만, 그 흥분의 열기가 가신 후에 찾아온 육신의 현실이 어땠을지 생각해보라. 나도 가끔 그럴 때가 있다. 선교지에서 긴 여정을 마치고 집에 돌아오면, 여전히 흥분되어 고동치는 심장을 겨우 가라앉히며 억지로 잠을 청한다. 그러나 긴장을 완전히 풀고 잠이 드는 데까지는 꽤 오랜 시간이 걸린다. 그렇게 한참을 뒤척이다가 어느 순간 깊은 잠에 들게 되면 그 잠에서 쉽게 깨어나지 못한다. 새벽에 잠시 눈을 떠도 여기가 어디인지조차 잘 모를 정도다.

전쟁터에서 날카롭게 곤두섰던 신경이 드디어 안정을 되찾고, 잃어버렸던 조카가 제자리로 돌아갔을 때, 아브라함도 이러한 '깊은 잠'에 빠져든 것이다. 이렇게 깊은 잠이 든 아브라함에게 '큰 흑암과 두려움'이 임하게 된다.

큰 흑암과 두려움이 덮칠 때

> 해 질 때에 아브람에게 깊은 잠이 임하고 큰 흑암과 두려움이 그에게 임하였더니 창 15:12

이 부분을 영어성경으로 보면 "a thick and dreadful darkness came over him…"라고 되어 있다. 즉, 무겁고 두려운 흑암이 그를 덮쳤다는 표현이다. 아브라함을 습격한 어두움이 그의 삶을 무겁게 짓누르고 두려움은 그의 사지를 장악했다. 아브라함이 이런 심적 상태에 빠진 까닭으로 최소한 세 가지 이유를 생각해볼 수 있다.

첫째, 주변 국가들로부터 복수를 당할 위험에 처했기 때문이다.

성경에 기록된 몇 가지 사건에서 유추해볼 때, 아브라함은 대범하고 도전적인 인물은 아니다. 한 번도 아니고 두 번이나 자신의 신변을 위해 자기 아내를 누이라고 속일 정도였다. 그러나 롯을 향한 불타는 열정과 책임감이 그런 그를 움직이게 했다. 그는 자신도 몰랐던 능력을 발휘하게 된다. 그돌라오멜 연합국을 무찌르고 승리를 얻는 순간, 아브라함 자신도 많이 놀랐지 않았을까?

하지만 전쟁의 긴장감과 승리의 흥분이 조금씩 가라앉을수록 이제부터 닥칠 현실이 걱정되기 시작했을 것이다. 전쟁은 반드시 복수를 낳게 되어 있다. 아브라함이 성취한 승리에는 복수라는 대가가 기다리고 있을 것이 분명했다.

둘째, 포기한 제물에 대한 책임 문제가 있었다. 바로 앞부분인 창세기 14장을 보면, 소돔 왕이 아브라함에게 포로 되었던 백성은 고국으로 돌려보내고, 나머지 물품은 가지라고 제안한다. 그러나 아브라함은 뜻밖의 태도를 취한다.

> 천지의 주재이시요 지극히 높으신 하나님 여호와께 내가 손을 들어 맹세하노니 네 말이 내가 아브람으로 치부하게 하였다 할까 하여 네게 속한 것은 실 한 오라기나 들메끈 한 가닥도 내가 가지지 아니하리라 창 14:22,23

너무나 멋있는 말이었지만, 아브라함은 그날 그 모습을 목격한 주변 국가 왕들과 아내 사라를 비롯한 친족들에게 자신이 내뱉은 말에 대한 책임을 져야 하는 입장에 처했다. 그 책임의 무게가 매우 무겁게 느껴졌을 것이다. 앞으로 갈 길이 까마득하게 느껴졌을 수도 있다. 그 중압감이 그를 짓눌렀으리라.

셋째, 저물어가는 인생에 대한 초조함과 절망감 때문이다. 이미 언급했듯이 당시 아브라함의 현실은 해가 지는 것과 흡사한 상황이었다. 시들어가는 인생, 여전히 잉태하지 못하는 아내, 그리고 별로 이룬 것이 없어 보이는 삶이었다. 나름 열심히 달려온 것 같은데, 돌아보면 딱히 손에 잡히는 것이 없는 것 같다. 우리도 이런 경험을 할 때가 많지 않은가? 세월의 급류 속에서 무기력하게 떠내려가고 있는 자신을 발견하는 순간 완전히 탈진해버리고 만다.

흑암의 공포 속에서 들려온 주님의 약속

큰 흑암의 공포 속에 주저앉아버린 종을 향해 하나님께서는 말씀하신다.

"아브람아 두려워하지 말라"(창 15:1).

그러면서 하나님께서는 그가 두려워하지 않아도 되는 이유를 일러주신다. 가장 먼저 하나님은 아브라함의 방패라는 사실을 약속하신다.

"나는 네 방패요…."

어쩌면 아브라함에게 가장 필요했던 확신이 아니었을까. 다가오는 복수의 위험으로 위축되어 있는 그에게 이보다 더 좋은 소식은 없었을 것이다. 주변 국가들의 공격에서 그를 지켜내시겠다는 주님의 선언이었기 때문이다.

계속해서 하나님은 아브라함에게 말씀하신다.

"너의 지극히 큰 상급이니라."

아브라함은 소돔 왕의 상급을 거절했다. 주님이 채워주실 것을 믿었기 때문이고, 주님께 온전한 영광을 돌리기 위해서였다. 이런 이유로 큰 재물을 얻을 수 있는 눈앞의 기회를 스스로 차버린 것이다. 하지만 현실의 삶은 여전히 막막하고 만만찮았을 것이다. 그런 아브라함에게 필요했던 위로는 주님이 아브라함의 상급이 되신다는 사실이다. 이것은 천성을 향하는 모든 순례자들에게 동일하게 꼭 필요한 음성이다.

눈앞에 펼쳐진 땅에 정착할 수많은 기회를 뒤로하고 주님의 인도하심을 따라가기에 바빴던 지난 삶. 참 치열하게 열심히 살았던 것 같은데 돌아보면 딱히 이룬 것이 없어 보일 때가 있다. 내 주변 사람들은 어느새 가정을 이루고, 자녀들을 양육하고, 살림을 꾸리며 안정된 미래를 꿈꾼다. 안정된 미래 같은 꿈은 꿀 여유도 없이 한평생 주님만 바라보며 달려왔는데, 어느 날 잠시 정신을 차리고 보니 나만 한참 뒤처진 것 같다.

세상의 기준으로 대보니 높이 평가받을 만한 업적을 쌓은 것도 아니고, 재산을 모으지도 못했고, 안정된 미래는커녕 오늘의 현실이 버겁기만 하다. 한평생 선교지에서 주님의 나라를 위해 일했건만 은퇴하고 갈 곳이 마땅치 않은 많은 선교사님들이 이런 현실에 맞닥뜨리곤 하신다. 그 분들의 마음이 어떨지 생각하면 내 마음도 너무 아프다. 그러나 분명한 사실이 있다. 신실하신 주님이 모든 순례자들의 상급이 되신다는 것이다!

믿음의 지경을 넓히시는 하나님의 약속

하나님이 주신 두 가지 약속으로 아브라함의 두 가지 두려움이 해결되었을 것이다. 하나님이 친히 방패가 되어주신다고 하셨으니 주변 국가들의 복수의 위협으로 인한 두려움이 놓인다. 거절한 물질로 인한 책임감의 부담에 대해 주님이 상급이 되어주신다고 하셨으니 역시 위로가 된다. 그러나 여전히 한 가지 근심이 남아 있다. 자녀가 없는 상황은 변한 것이 없다. 그래서 그는 말한다.

> 아브람이 이르되 주 여호와여 무엇을 내게 주시려 하나이까 나는 자식이 없사오니 나의 상속자는 이 다메섹 사람 엘리에셀이니이다 아브람이 또 이르되 주께서 내게 씨를 주지 아니하셨으니 내 집에서 길린 자가 내 상속자가 될 것이니이다 창 15:2,3

이 말의 의미는 "내가 진짜 원하는 게 뭔지 아시기는 하시나요? 많은 복을 이미 주셨고 또 더 주실 것이라고 말씀해주신 것은 감사하지만, 사실 아들이 없으면 이 모든 것이 결국 무슨 소용이 있나요?"라고 호소하는 것이다. 이렇게 불평하는 종을 향하여 주님은 자녀에 대한 약속을 하신다.

> 여호와의 말씀이 그에게 임하여 이르시되 그 사람이 네 상속자가 아니라 네 몸에서 날 자가 네 상속자가 되리라 하시고 그를 이끌고 밖으로 나가 이르시되 하늘을 우러러 뭇별을 셀 수 있나 보라 또 그에게 이르시되 네 자손이 이와 같으리라 창 15:4,5

이것은 14장에서 약속하셨던 내용과 비교해서 훨씬 더 구체적이다. 롯이나 엘리에셀이 아브라함의 상속자가 될 것이라는 인간적인 가능성을 완전히 부정하신 것이다. 약속하신 내용에 대한 어떤 오해의 소지도, 다른 가능성에 대한 여지도 제거하셨다. 주님은 명백하게 말씀하셨다.

"네 몸에서 날 자가 네 상속자가 되리라!"

아브라함의 신앙이 한 단계 확장될 때가 도래한 것이다. 지금까지의 과정에서 합격하였기에 이제 더 큰 것을 보이시고 맡기시기로 작정하신 것이다. 처음부터 "네 몸에서 태어날 아들이 너의 대를 이을 것이다"라는 예언을 주셨더라면 당시 이교(異敎)에 물들어 있던 아브라함의 세계관으로는 도저히 소화할 수 없었을 것이다.

우리 주님은 우리의 믿음을 깊은 관심을 가지고 세심하게 분석하시는 분이다. 인생의 순간순간마다 우리 믿음의 분량과 한계를 너무나 잘 알고 계신 분이다. 그래서 감당할 수 있는 시험 외에는 허락하지 않으시는 것이다.

아브라함의 믿음을 돕기 위하여 주님은 그가 서 있는 장소를 옮기시고 그의 시선을 교정해주신다.

"그를 이끌고 밖으로 나가 이르시되…."

즉, 갇혀 있는 삶의 현실에서 벗어나게 하셨다는 것이다. 이것은 현실을 회피하는 것과는 다르다. 결국 다시 현실로 돌려보내시기 때문이다. 주님은 우리가 도망가는 것을 원치 않으신다. 그 환경을 허락하신 분이 하나님이시다. 자기 십자가를 지고 주님을 좇는 자라야만 주님을 따라가기에 합당하다고 말씀하지 않으셨는가? 아브라함을 장막 밖으로 이끌어내신 것은 회피가 아니라 현실에 더욱 충실하기 위해 잠시 그곳을 벗어나게 하신 것이다. 천막 속에만 갇혀 있으면 우울의 소용돌이로부터 탈출이 불가능하기에 밖으로 이끌어 나오셨던 것이다.

사람의 감정이라는 것은 한번 내리막길로 미끄러지기 시작하면 그 좌절감은 점점 더 가속이 붙기 마련이다. 하지만 잠시 산책을 하고 돌아온다거나 좋아하는 음악을 듣는다거나 하는 등의 짧은 환기만으로도 절망의 가속을 멈추고 왠지 모를 희망을 품게 되는 경우가 있다. 환경의 변화로 긍정적인 감정이 소생되고, 외모에 작은 변화를 주는 것으로 의지가 활기를 되찾으며, 일상의 소소한 신선함으로 생기를 재발견하는 일들이 일어난다. 무서운 흑암의 공포 속에 주저앉아 있던 아브라함을 장막 밖으로 불러내신 주님의 섬세한 손길이 오늘 우리에게도 위로가 되기를 바란다.

그렇다. 때로는 골방에서 끝까지 씨름해야 할 때도 있다. 그러나 잠시 밖으로 산책하며 생각을 환기하고 정리해야 할 때도 분명 있다. 장막에서 나오기 전까지는 절대로 하늘에 빛나고 있는 수많은 별들을 볼 수 없다. 우울한 그 방에서 나와 주님의 창조 세계를 보라! 자책의 음성만 증폭되는 환경에서 눈을 들어 천지를 창조하시고, 열방을 경영하시며, 선하심과 인자하심으로 나를 대하시는 주님의 아름다운 얼굴을 보라!

이렇게 아브라함을 장막 밖으로 인도하신 주님은 말씀하신다.

"하늘을 우러러 뭇별을 셀 수 있나 보라."

주님이 아브라함의 시선을 교정하시는 장면이다. 수평적인 시야에서 수직적인 시선으로 변화를 요구하신다. 수평적인 시선으로는 주님의 위대하심을 목격할 수 없다. 이 세상의 모든 대단함은 결국 도토리 키 재기에 불과하다. 눈을 들어 하늘을 보면 하나님의 하나님 되심을 알 수 있고, 그 순간 나의 지극히 작음을 인정할 수밖에 없게 된다.

하늘을 바라보게 하신 주님은 이제 별의 숫자를 셀 수 있는지 고민하게 하신다. 별을 셀 수 있다면 한번 해보라는 불가능한 도전이다. 당연히 하늘의 별은 셀 수 없다. 우리는 그렇게 작은 존재다. 자신의 한계를 분명하고 절실히 깨닫게 하시길 원하셨던 것이다.

하나님의 약속을 믿으라!

이전에도 이와 비슷한 사건이 있었다.

"롯이 아브람을 떠난 후에 여호와께서 아브람에게 이르시되 너는 눈을 들어 너 있는 곳에서 북쪽과 남쪽 그리고 동쪽과 서쪽을 바라보라 … 내가 네 자손이 땅의 티끌 같게 하리니 사람이 땅의 티끌을 능히 셀 수 있을진대 네 자손도 세리라"(창 13:14,16).

그때는 땅의 티끌을 바라보게 하셨다. 하지만 이번에는 땅에서 눈을 들어 하늘을 바라보게 하셨다. 이것은 아브라함이 이 땅의 이스라엘 백성의 조상이 될 뿐 아니라 하늘 백성의 조상인, 믿음의 조상이 될 것이라는 약속을 확인해주시기 위해서다.

우리의 상황이 악화될수록 우리를 향한 주님의 약속은 확대된다. 우리의 현실이 어두워질수록 주님의 경영은 우리 안에서 밝아진다. 우리의 가능성이 소멸되어야만 주님의 일하심이 활성화되고, 우리의 자아가 축소될수록 주님이 개입하실 수 있는 환경으로 모든 것이 최적화되기 때문이다. 그리고 주님은 아브라함에게 이 엄청난 약속을 너무나 자연스럽게 선언하셨다.

"네 자손이 이와 같으리라."

너무나 초자연적인 사건을 너무나 당연하듯이 다루신다. 이것은 '너에게는 불가능한 일이지만, 나에게는 별것 아니다'란 것을 인식시켜주신 것이다.

아브라함은 이 약속을 믿었다. 더 정확히 말하자면, 아브라함은 이 약속을 주시는 하나님을 신뢰했다. 그리고 하나님은 그의 믿음을 그의 의로 여기셨다.

"아브람이 여호와를 믿으니 여호와께서 이를 그의 의로 여기시고"(창 15:6).

아브라함이 하나님께 드릴 수 있었던 것은 다름 아닌 믿음 하나뿐이었다. 그 어떤 제물을 드린다 해도 만물의 주인이신 그분께 무슨 소용이 있겠는가! 그 어떤 찬양을 드린다 해도 천사들의 찬미를 받으시는 분께 무슨 감동이 있겠는가! 주님이 우리에게 바라시는

4장 큰 흑암의 공포 속에서

것은 오직 믿음이다. 그래서 성경은 말한다.

> **믿음이 없이는 하나님을 기쁘시게 하지 못하나니** 히 11:6

믿음은 유한한 존재인 인간이 영원하신 그분께 드릴 수 있는 최상의 선물이다. 시간과 공간의 제한 속에서 살아가면서도 하나님을 신뢰함으로 생명과 인생을 주님의 손에 완전히 의지하는 것이 믿음이다. 비록 내가 가진 것이 부족할지라도 하나님을 신뢰하고 주님께 전체를 드리는 것이 믿음이다. 전체를 볼 수 있는 능력과 지식이 없어도 하나님을 알기에 운명을 주님께 걸고 모험을 시도하는 것이 믿음이다. 주님은 믿음을 기뻐하신다!

이제 주님을 신뢰함으로 두려움을 떨쳐버리자. 보장되지 않은 내일의 삶으로 인해 걱정하지 말라. 지금까지 보살펴주신 주님이 앞으로도 보살펴주실 것이다. 다가오는 환난으로 인하여 공포의 노예가 되지 말라. 주님은 세상 끝날까지 우리와 함께하실 것이다. 주님은 오늘도 말씀하고 계신다.

"너희는 마음에 근심하지 말라 하나님을 믿으니 또 나를 믿으라"(요 14:1).

주의 미쁘심을 의지하라!

많은 사람이 아브라함의 믿음을 우러러보며 너무나 나약해 보이는 자신의 믿음으로 인해 오히려 낙심한다. 하지만 믿음으로 의롭다 함을 얻은 아브라함의 믿음도 완전하지는 않았다. 하나님께서 아브라함에게 주신 약속을 엄밀히 따져보면, 아브라함의 씨로 말미암아 아들이 허락된다는 것이지, 그 아들이 사라의 태를 통해 탄생할 것이란 내용은 없었다.

"여호와의 말씀이 그에게 임하여 이르시되 그 사람이 네 상속자가 아니라 네 몸에서 날 자가 네 상속자가 되리라 하시고…."

그래서인지 바로 다음 장인 16장에서 아브라함이 너무나 당연하게 하갈을 통해 아들을 얻고자 하는 장면을 우리는 목격할 수가 있다. 아브라함은 하나님을 도와드려야 한다고 스스로 생각했던 것 같다. 하나님께서 약속을 이루시는 데 이바지하기 원했던 것이다.

그러나 주님이 원하시는 것은 우리의 도움이 아니라 우리의 겸손이다. 우리에게 찾으시는 것은 세상 살아가는 요령이 아니라 주의 말씀을 향한 순종이다. 이렇듯 아브라함의 믿음은 완전하지 못했다. 그러나 하나님께서는 그의 겨자씨만 한 믿음을 보시고 주님의 일을 이루시고 완성하기로 결심하신 것이다. 주님의 일하심은 언제나 그분 자신의 신실하심에 근거하고 있기 때문이다.

주님은 자신의 신실하심을 아브라함에게 알려주기로 작정하시고 한 제단을 요구하신다.

여호와께서 그에게 이르시되 나를 위하여 삼 년 된 암소와 삼 년 된

암염소와 삼 년 된 숫양과 산비둘기와 집비둘기 새끼를 가져올지니라 창 15:9

이것은 언약식 준비에 대한 내용이다. 언약이라는 것은 단순한 약속과는 다르다. 약속은 일방적일 수 있지만 언약은 양쪽의 동의가 필수 조건이다. 예를 들어, 약속은 어느 누가 "내가 너에게 이렇게 해줄게"라는 것이라면 언약은 "우리는 서로에게 이와 같이 하겠습니다"라는 계약인 것이다. 그러나 이 말씀에서 목격할 수 있는 언약식은 우리가 아는 것과 큰 차이가 있다. 그 점을 잠시 살펴보자.

그날, 하나님께서 아브라함에게 약속하신 것은 아들만이 아니었다. 땅에 대한 약속도 하셨다.

또 그에게 이르시되 나는 이 땅을 네게 주어 소유를 삼게 하려고 너를 갈대아인의 우르에서 이끌어낸 여호와니라 창 15:7

이 엄청난 약속에 대해 아브라함이 반응한 것이다.
"주 여호와여 내가 이 땅을 소유로 받을 것을 무엇으로 알리이까?"
'방패가 되어주신다는 것은 좋은 소식이고, 상급이 되어주신다는 것은 믿겠고, 아들을 허락해주신다는 것도 알겠는데, 이제 이 엄청난 땅을 소유하게 하신다는 말씀까지 하신다니, 정말 받아들이기가 어렵습니다'라는 뜻이다. 더 나아가서 18절에서 주님은 더욱 강도 높은 약속을 선언하신다.

"그날에 여호와께서 아브람과 더불어 언약을 세워 이르시되 내가 이 땅을 애굽 강에서부터 그 큰 강 유브라데까지 네 자손에게 주노니…."

한글성경으로 보면 이 부분의 번역이 약간 정확하지 않다. 원어로는 '완성형'으로 표현되어 있다. 따라서 '이 땅을 이미 주었다'라는 표현으로 이해하면 된다. 아무리 믿음 좋은 아브라함이라도 이런 충격적인 사실을 어찌 쉽게 믿을 수 있었겠는가? 자신의 형편을 보면 절대로 이루어질 수 없는 내용이었던 것이다.

깊은 불신에 잠길 수 있었던 그에게 하나님은 언약식을 허락해주셨다. 그러면서 주님은 언약식에 필요한 준비물을 요구하신다.

"여호와께서 그에게 이르시되 나를 위하여 삼 년 된 암소와 삼 년 된 암염소와 삼 년 된 숫양과 산비둘기와 집비둘기 새끼를 가져올지니라 아브람이 그 모든 것을 가져다가 그 중간을 쪼개고 그 쪼갠 것을 마주 대하여 놓고 그 새는 쪼개지 아니하였으며"(창 15:9,10).

이것은 고대 언약식에 매우 흔한 풍경이다. 우리 말로는 흔히 '언약을 세운다'라고 표현한다. 영어로는 'make a covenant'(언약을 만든다)라고 한다. 그런데 히브리 문화를 비롯한 지중해 지역에서는 오래전부터 언약을 'cut'(자른다)한다고 표현했다.

이것은 오래전부터 유래한 그들의 언약식의 형태에 근거하고 있는 표현이다. 언약을 세우고자 하는 양쪽이 동물을 가져와 죽이고, 그 사체를 반으로 잘라 반은 이쪽에, 또 다른 반은 반대쪽에 배치한다. 그리고 언약을 세우고자 하는 두 사람이 동시에 그 찢어진 동물 사체 사이로 통과한다. 찢어진 동물 사이를 지나가며 그들은 서로에게 되새겨준다.

"언약을 깨뜨리는 그날에는 우리도 이 찢어진 동물과 같이 될 것이다."

이렇게 완전히 통과하면, 언약이 성사되는 것이다.

하나님의 언약식

하나님께서 명하신 대로 아브라함은 언약식 준비를 한다. 그런데 여기서부터 너무나 희한한 사건이 벌어지기 시작한다. 언약의 상대방이자 언약식을 준비하도록 지시하신 하나님께서 그 현장에 나타나지 않으셨다는 사실이다. 아브라함은 기다리다 결국 깊은 잠에 들게 된다. 이에 대해 성경은 이렇게 기록하고 있다.

"해 질 때에 아브람에게 깊은 잠이 임하고 큰 흑암과 두려움이 그에게 임하였더니"(창 15:12).

우리도 그렇지 않은가? 주님의 약속이 이루어지기를 기다리는 사이에 깊은 영적 잠에 빠지는 경우가 있다. 주님이 우리 삶에 나타나 주시기를 하염없이 기다리는 사이에 우리는 종종 기력을 완전히 상실할 때가 있는 것 같다. 여기서 한 가지 질문을 던지고 싶다. 그날 밤, 하나님께서는 왜 아브라함에게 나타나심을 지체하셨을까? 하나님은 언약식 준비가 끝나자마자 충분히 나타나실 수 있었을 것이다. 그러나 왜 어두움이 깊어질 때까지 그 모습을 감추셨을까?

그 이유는, 주님의 약속이 이루어지는 것이 더딜 것이란 사실을 인지시켜주시기 위해서였다. 이삭이 태어나기까지 15년이란 기간은 아브라함에게 매우 길게 느껴질 것이었다. 뿐만 아니라 약속하신 땅을 얻기까지 노예생활 400년과 광야생활 40년이 흑암과 같이 느껴질 것이기 때문이다. 때로는 가는 길이 너무 어두워서 하나님이 잘 보이지 않는 날이 뚜렷이 보이는 날보다 더 많을 것이기 때문이다.

우리 삶을 대하시는 주님의 손길도 이와 흡사하다고 생각된다. 살아가다 보면, 마지막 순간까지 나타나지 않으시는 하나님 때문에 좌절을 겪곤 한다. 결정적인 순간까지 침묵하시고, 최종적인 데드라인까지 아무런 움직임도 보여주지 않으시며, 도저히 넘어가지 못하는 한계에 도달해서야 비로소 주님이 나타나시는 경우가 참 많은 것 같다. 이렇게 하시는 이유는, 주님의 관심은 결과가 아니라 과정에 있기 때문이다. 우리는 주님을 결과로 기쁘시게 해드리는 게 아니라, 과정으로 기쁘시게 해드리는 것이다!

주님이 아브라함 안에서 발견하시고 그의 의로 인정하신 믿음이란 바로 이것이다. 아브라함은 자신이 목적지에 성공적으로 도달할 것이라는 사실을 믿은 것이 아니라 여정 가운데 함께하시는 하나님의 신실하심과 선하심과 전능하심을 신뢰한 것이다. 즉, 그는 어디로 가는지에 관심을 두기보다 누구와 함께 가는지에 관심을 두었다는 뜻이다.

아브라함의 환상에서 나타나신 주님은 한 가지 잊지 못할 교훈을 그에게 주셨다. 이제부터 만만치 않은 밤이 온다 해도, 앞이 캄캄할 때마다 되새길 수 있는 한 장면을 그의 기억 속에 불로 새겨주셨다. 기다리던 아브라함에게 하나님은 불타오르는 횃불로 등장하셨다. 그리고 한 가지 충격적인 사건을 행하신다. 앞에서 설명했듯이, 언약을 맺을 때는 언약을 세우고자 하는 두 사람이 쪼갠 사체 사이로 함께 지나가야만 그 언약이 성사된다. 그러나 불타오르는 횃불로 나타나신 하나님은 홀로 그 찢어진 사체 사이로 지나가셨다.

주님의 이 모습은 강력한 메시지를 선포한다.

'이 언약은 어차피 네가 지키는 게 아니야. 내가 나의 신실함으로 이루고, 내가 책임지고, 내가 대가를 지불할 것이다. 이 약속을 지키는 것도 나고, 이 약속을 네가 어긴다 할지라도 그 대가를 지불하는 것도 나란다.'

그렇다. 내일에 대한 불확실과 오늘에 대한 불안감과 어제에 대한 후회로 주저앉아버린 우리가 영원한 본향을 사모할 수 있는 이유는, 우리가 이 여정을 끝까지 달려낼 만한 조건을 갖추고 있기 때문이 아니다. 이 여정의 한 걸음 한 걸음은 우리의 탁월함에 근거하고 있는 게 아니라 주님의 신실하심에 뿌리를 내리고 있다. 그러니 주님의 미쁘심을 의지하라!

너의 싸움을 싸워내라!

우리가 흑암의 공포 속으로 들어갈 때 어떻게 해야 하는지에 대해 지금까지 두 가지로 살펴보았다. 첫째는 주의 약속을 믿는 것이고, 둘째는 주의 미쁘심을 의지하는 것이다. 먼저 살펴본 이 두 가지가 수동적인 자세라고 한다면, 마지막으로 살펴보기 원하는 것은 조금 더 적극적인 모습이라고 할 수 있다. 주님의 확실한 약속과 불변한 미쁘심을 토대로 우리의 싸움을 싸워내는 것이다.

그날, 아브라함이 그의 싸움을 싸우며 취한 세 가지 적극적인 자세에 대해 살펴보자.

적극적으로 원수에 대항하라

첫째로 원수의 침입에 대항했다.

아브라함은 주님이 명하신 대로 언약식을 준비했다. 그러나 주님은 그가 생각했던 것과는 달리 쉽게 나타나지 않으셨다. 주님의 등장은 그가 가지고 있었던 시간표와 차이가 있었던 것이다. 이미 앞에서 살펴보았듯이 주님은 사랑하는 종에게 기다림과 인내와 신뢰를 가르치시길 원하셨던 것이다. 약속의 아들이 허락되는 과정도 더딜 것이고, 언약의 땅을 차지하기까지는 더더욱 오랜 시간이 소요될 것이라는 비밀을 알려주신 것이다.

이렇게 기다리는 아브라함을 찾아온 방해꾼들이 있었다. 찢어진 동물 사체 위에 솔개가 날아들기 시작한 것이다. 이 새들은 그가 준비한 거룩한 터 위를 맴돌기 시작하며, 주님의 강림을 위해 준비한 환경과 질서를 무너뜨리고자 했다. 아브라함은 이런 공격을 용납하지 않았다.

"솔개가 그 사체 위에 내릴 때에는 아브람이 쫓았더라"(창 15:11).

그는 소극적으로 앉아서 주님의 나타나심을 기다린 것이 아니라, 모든 방해 요소와 맞서서 싸운 것이다. 우리도 우리의 삶을 침범하는 원수를 대적하자.

깊은 흑암은 사람을 무기력하게 하며 의지를 마비시킨다. 언제 끝날지 모르는 고난은 우리를 무능력하게 만든다. 이런 무기력과 무능력이 오랜 기간 지속되면 우리 안에 게으름이 서서히 자리를 잡게 된다. 그리고 게으름은 우울함으로 형성되어 우리로 하여금 절대로 그 올무에서 빠져나오지 못하게 발목을 잡는다.

그러나 이제 함께 일어나자! 지난날의 패배의식과 죄책감과 모든 후회를 예수 그리스도의 이름으로 몰아내자! 날아드는 불신과 모든 잡된 생각들을 쫓아내자. 내일에 대한 불안감이 나를 정복하고자 할 때 주께 부르짖자!

하나님을 알라

둘째로 주님의 손길을 분명히 알아야 한다. 큰 흑암의 공포가 덮칠 때에 주님은 아브라함의 지각을 자극하기 시작하셨다.

> 해 질 때에 아브람에게 깊은 잠이 임하고 큰 흑암과 두려움이 그에게 임하였더니 여호와께서 아브람에게 이르시되 너는 반드시 알라 네 자손이 이방에서 객이 되어 그들을 섬기겠고 그들은 사백 년 동안 네 자손을 괴롭히리니 그들이 섬기는 나라를 내가 징벌할지며 그 후에 네 자손이 큰 재물을 이끌고 나오리라 창 15:12-14

주님이 그로 하여금 분명하게 알고 분별하기 원하셨던 내용은 다름 아닌 이스라엘의 장래에 대한 것이었다. 그들이 이방 나라에서 객으로 고생할 것과 오랜 세월 노예생활할 것과 결국 주님이 그들을 구하실 것에 대한 예언이다. 그들의 결말은 "네 자손이 큰 재물을 이끌고" 나올 것이라고 말씀하신다. 비록, 고난의 계절을 피해갈 수는 없어도 결국 주께서 아브라함과의 약속을 지켜내실 것이라는 사실을 알려주신 것이다. 하나님은 이 엄청난 사실을 아브라함이 알기 원하셨다.

"너는 반드시 알라!"

그렇다! 분명히 알면 견딜 수 있다. 확실히 알면 참을 수 있다. 정확히 알면 성급하지 않게 주님의 일하심을 기다릴 수 있는 것이다.

한 가지 안타까운 것이 있다면, 많은 성도들이 주님의 속성과 경영과 약속과 본심을 잘 모르고 있다는 점이다. 응답을 받고자 기도는 해도, 주님이 어떻게 일하시는지에 대해서는 무지한 경우가 많다. 축복을 받고자 열심은 내는데, 주님의 관심은 진정 어디에 있는지 무관심한 사람도 많다. 이들은 단단한 음식을 먹지 못하는 어리석은 이들과 같다. 그래서 선악을 분별할 능력이 없는 것이다.

"단단한 음식은 장성한 자의 것이니 그들은 지각을 사용함으로 연단을 받아 선악을 분별하는 자들이니라"(히 5:14).

흑암이 깊어지면, 모든 것이 헷갈리기 마련이다. 믿음도 흔들리고, 사명은 메마르며, 앞날에 대한 불안감에 휩싸이게 된다. 어디로 가야 할지, 그리고 무엇을 해야 할지에 대해서도 혼돈이 오게 되어 있다. 그래서 흑암의 공포 앞에 서게 된 종을 향해 주님은 강력하게 말씀하신 것이다.

"반드시 알라!"

그렇다! 아는 것이 능력이다. 아는 만큼 연단 받고, 연단을 받은 만큼 분별력을 소유하게 되는 법이다. 그렇기 때문에 호세아 선지자를 비롯한 수많은 주의 종들이 적극적으로 권면하고 있지 않은가?

"그러므로 우리가 여호와를 알자 힘써 여호와를 알자 그의 나타나심은 새벽빛같이 어김없나니 비와 같이, 땅을 적시는 늦은 비와 같이 우리에게 임하시리라 하니라"(호 6:3).

주님의 공의 앞에 겸손하라

셋째로 주님의 공의 앞에 겸손히 낮아져야 한다.

주님은 공의로우시며 정확하신 분이다. 뿌린 대로 거두게 하는 분이시고, 심은 대로 추수하게 하는 분이시다. 우리가 우리 죗값을 치르지 않았다고 주님의 심판을 경히 여기지 말아야 한다. 우리의 죄를 무효화시키신 것이 아니라 예수 그리스도에게 그 대가를 지게 하신 것이다. 하나님은 자신의 아들조차도 십자가에 못 박혀 죽게 하실 만큼 죄를 미워하시는 분이다. 이런 관점에서 주님의 말씀을 이해해야 한다.

> 너는 장수하다가 평안히 조상에게로 돌아가 장사될 것이요 네 자손은 사대 만에 이 땅으로 돌아오리니 이는 아모리 족속의 죄악이 아직 가득 차지 아니함이니라 하시더니 창 15:15,16

우리는 일반적으로 하나님께서 자신이 편애하시는 아브라함에게 약속의 땅을 허락하시고자 그곳에 이미 살고 있는 백성을 무조건 몰아내셨다고 크게 오해하고 있다. 그러나 성경은 분명히 이 점을 지적한다.

"이는 하나님께서 외모로 사람을 취하지 아니하심이라"(롬 2:11). 이 부분을 영어성경으로 보면 다음과 같이 번역한다.

"For God shows no partiality"(ESV).

즉, 하나님은 편애하는 분이 아니란 점을 명백하게 밝히고 있다.

하나님께서 아브라함에게 약속의 땅을 직접 주시기보다, 오히려 그 후손에게 주시기로 작정하신 데는 이유가 있다. 물론 세월 속에서 아브라함 개인에게 이루고자 하셨던 일들도 있었을 것이다. 그러나 그뿐만이 아니다. 그 땅에 살고 있던 아모리 족속의 죄악이 아직 가득 차지 않았기 때문이다. 여기서 말하는 아모리 족속이란, 당시 그 땅에 거주하고 있었던 모든 족속들을 통틀어 일컫는 표현이다. 주님은 아브라함을 선택하셨다는 이유 한 가지만으로 무조건 다른 사람의 소유를 수단과 방법을 가리지 않고 탈취해 가져다주시는 분이 아니다. 우리 주님은 공의로우시고 정확하신 하나님이시다. 아브라함은 자신의 믿음으로 그 땅을 축복으로 허락받았지만, 아모리 족속은 자신들의 죄로 그 땅에서 쫓겨남을 당한 것이다.

하나님이 공의로우신 분이라는 것은 잣대가 하나라는 뜻이다. 이방인에게 사용하는 잣대와 하나님의 백성들에게 사용하는 잣대가 다르다고 생각하는 착각이 깨어지기 바란다. 단지, 자신의 백성에게 더 너그럽다고 느껴지는 것은 우리가 무언가 잘해서가 아니라, 우리를 덮고 있는 예수 그리스도의 공로 때문일 뿐이다. 따라서 이스라엘 민족이 그 약속의 땅에 들어갈 때, 주님은 너무나 두려운 사실을 확인시켜주셨다.

> 너희 전에 있던 그 땅 주민이 이 모든 가증한 일을 행하였고 그 땅도 더러워졌느니라 너희도 더럽히면 그 땅이 너희가 있기 전 주민을 토함같이 너희를 토할까 하노라 레 18:27,28

이 사실을 정말로 우리 심장 깊은 곳에서 이해한다면, 우리는 하나님의 지극히 거룩하심과 그 잣대의 정확도 앞에 고꾸라져 엎드려질 수밖에 없다. 나 자신의 모습을 살펴보게 되어 있으며, 심판자의 눈동자를 의식하며 두려워하게 되어 있고, 스스로 겸비하여 낮아지게 되어 있다. 반대로, 하나님의 사랑을 편애로 오해하는 순간, 자신의 죄의 무게는 가볍게 여겨지게 되어 있으며, 예수 그리스도의 십자가의 비중은 축소되며, 우리는 특권의식 속에 잠기게 되어 있다.

교회 밖에 있는 사람과 교회 안에 있는 사람의 차이는 유일하게 한 가지밖에 없다는 사실을 아는가? 멸망으로 가는 자와 구원을 얻은 자의 유일한 차이점을 기억하는가? 애굽에 열 번째 재앙이 임하던 밤, 그 땅에는 두 종류의 사람만 존재했다. 문설주에 어린양의 피가 묻은 집 안에 있는 사람과 그렇지 않은 사람이다. 그날 밤은 이스라엘 민족이나 애굽 사람이나 혹은 그 땅에 살고 있는 이방인으로 구분되지 않았다. 자유인과 노예들로도 나뉘지 않았다. 죽음이 덮치는 순간 의지할 수 있는 한 가지 소망은 어린양의 피뿐이었다.

오늘날, 우리가 이 사실을 진정 안다면 집 밖에 있는 사람들을 평가하기 전에 집 안에 있게 된 나 자신에 대하여 충격을 받을 것이다. 어찌 나 같은 사람이 어린양의 피의 혜택의 수혜자가 될 수 있었는지에 대하여 주님께 무한 감사를 드리기에 바쁠 것이다. 오늘날 교회와 성도와 예배의 시선은 어디에 있는가? 혹시 특권의식 속에 착각하며 살아가고 있지는 않은가? 하나님의 편애라는 방탄복을 착용했다고 거만하게 행하고 있지는 않은가? 이러한 우리에게 주님은 말씀하신다.

"너희도 만일 회개하지 아니하면 다 이와 같이 망하리라"(눅 13:3).

주님의 공의 앞에 겸손히 낮아지자. 경각심을 가지고 안일함에서 깨어나자. 이것이 깊은 흑암의 공포를 뿌리치고 일어나는 통로인 것이다.

예수 그리스도께서 실제로 대신 찢겨주셨다. 성경 전체가 예수 그리스도를 증거한다.

"모세의 율법과 선지자의 글과 시편에 나를 가리켜 기록된 모든 것이 이루어져야 하리라… 이에 그들의 마음을 열어 성경을 깨닫게 하시고"(눅 24:44, 45).

이 말씀도 예수 그리스도를 뚜렷하게 증거하고 있다. 좌절과 탈진과 다가오는 내일을 향한 막막함 속에서 완전히 주저앉아버린 한 종에게 주님이 주신 선물은 언약이었다. 그 언약식을 위하여 찢어진 동물 사체가 마련되었다. 원래대로라면 언약을 세우자고 제안한 주님과 아브라함이 함께 그 사체 사이로 들어가며 서로에게 일러주었을 것이다.

"우리가 이 언약을 어기는 그날에는 이 동물과 같이 되리라."

그러나 주님은 오랫동안 나타나지 않으셨다. 기다리다 결국 깊은 잠이 든 아브라함에게 드디어 나타나신 주님은 우리의 상상을 초월하시는 모습을 목격시키셨다. 기다리던 아브라함과 함께 그 동물 사이로 지나가지 않으시고 홀로 그 제단을 관통하셨다. 주님은 이렇게 말씀하시길 원하셨던 것이다.

"이 언약을 어차피 너는 지킬 수가 없단다. 이 언약을 지키는 것도 나고, 이 언약을 네가 어겼을 때 그 대가를 지불하는 것도 나란다!"

언약의 성취를 보여주신 그리스도

이 엄청난 선언은 우리에게 흥분을 가져다주는 말로 끝나지 않았다. 이 언약의 말씀은 결국 육신이 되어 이 땅에 오셨다. 예수 그리스도는 우리가 살아야 하는 인생을 대신 살아주셨다. 그분은 참된 왕과 대제사장과 선지자와 목자가 무엇인지 우리에게 보여주셨다. 첫 번째 아담은 하나님의 선하심을 불신하고 죄를 지었지만, 두 번째 아담이신 예수 그리스도께서는 아버지의 신실하심을 신뢰하고 죽기까지 순종하셨다. 예수 그리스도는 하나님의 율법에 있는 모든 요구를 충족하셨다. 우리가 원하지만 절대로 살 수 없는 삶을 예수 그리스도께서는 우리를 대신하여 살아주신 것이다.

그뿐 아니라 예수 그리스도께서는 우리가 죽어야 하는 죽음을 대신 죽어주셨다. 언약을 지켜내지 못한 우리가 마땅히 치러야 하는 대가를 대신 지불해주신 것이다. 그날 밤 찢어진 동물 사체와 같이, 그분의 몸이 찢기셨다. 그 언약의 제단 주변에 흐르는 동물 피와 같이 그분의 피도 십자가에서 모두 쏟아졌다. 예수 그리스도께서 그 언약을 대신 지켜주시고, 그 언약을 지키지 못한 우리를 대신하여 대가마저도 지불하여주신 것이다.

본향을 향한 여정의 한 길목에서 지쳐 주저앉았는가? 혹시 깊은 흑암의 공포 속에서 헤매고 있지는 않은가! 그러한 자리에 있었던 아브라함이 주님께 여쭈었던 질문을 우리도 묻기 원한다.

"그가 이르되 주 여호와여 내가 이 땅을 소유로 받을 것을 무엇으로 알리이까?"(창 15:8)

즉, '무엇으로 내가 확신을 삼아 기력을 되찾을 수 있겠습니까?'라는 뜻이다. 다시 말해 '무엇을 의지하여 이 여정을 묵묵히 감당할 수 있겠습니까?'라는 호소다. 그러한 질문에 주님이 주신 것은 언약이라는 사실을 잊지 말라! 예수 그리스도를 통하여 나를 어디까지 사랑하시는지 이미 증명하셨다! 예수 그리스도를 통하여 확증된 하나님의 신실하심을 반드시 기억하여 이 자리에서 일어나자!

◇◇◇

저 밝은 천국 길 내 눈 앞에 펼쳐지네
비록 슬픔의 진통이 나를 괴롭힌다 하여도
비록 역경의 어두움이 나를 덮는다 하여도
하늘의 광채가 모든 그림자를 몰아내리라
예수님의 은혜만을 의지하고 언제나 그 빛만 바라보리라

내가 사는 세상의 모든 걱정거리들을 생각해보면,

내 안에 있는 두려움과 내 밖에 있는 고난이
나에게는 너무 벅차게 다가오지만,
내 주님의 보혈의 검이 모든 것을 물리치신다
예수님의 은혜만 의지하여 나는 언제나 이기는 자가 되리라

이제 그 도성이 가까이 왔네
그러나 여전히 믿음의 눈으로만 볼 수 있는 곳
아버지의 집에 가고픈 이 심정,
그 보좌 앞에 나아가 쉬고픈 마음이 있다네
나는 아무 자격 없지만, 나를 환영하실 것일세
그 도성의 왕이 나의 예수님이요, 주인이시요, 구원자시라

◇

The bright, heav'nly way, before me, Lies clearly in my sight;
And though sorrows sore beset me, And troubles black as night.
At the splendor from the skies Ev'ry darkling shadow flies,
While we trust the grace of Jesus And look ever to that Light.

When I think on all the worries Which in my world I see,
Inner fears and outer trials Seem nigh too much for me;
But the blood of Christ our Lord Puts them wholly to the sword,
While we trust the grace of Jesus And shall ever victors be.

Drawing nearer to that city Yet seen by faith alone,
Longing for the Father's mansions And rest before the throne.
All unworthy though I be There is welcome there for me,
For the King is our own Jesus, Lord and Saviour of His own.

The Bright, Heavenly Way(하늘 가는 밝은 길), J. H. Lozier

창세기 18장 16-33절

16 그 사람들이 거기서 일어나서 소돔으로 향하고 아브라함은 그들을 전송하러 함께 나가니라 17 여호와께서 이르시되 내가 하려는 것을 아브라함에게 숨기겠느냐 18 아브라함은 강대한 나라가 되고 천하 만민은 그로 말미암아 복을 받게 될 것이 아니냐 19 내가 그로 그 자식과 권속에게 명하여 여호와의 도를 지켜 의와 공도를 행하게 하려고 그를 택하였나니 이는 나 여호와가 아브라함에게 대하여 말한 일을 이루려 함이니라 … 23 아브라함이 가까이 나아가 이르되 주께서 의인을 악인과 함께 멸하려 하시나이까 24 그 성 중에 의인 오십 명이 있을지라도 주께서 그곳을 멸하시고 그 오십 의인을 위하여 용서하지 아니하시리이까 25 주께서 이같이 하사 의인을 악인과 함께 죽이심은 부당하오며 의인과 악인을 같이하심도 부당하니이다 세상을 심판하시는 이가 정의를 행하실 것이 아니니이까 26 여호와께서 이르시되 내가 만일 소돔 성읍 가운데에서 의인 오십 명을 찾으면 그들을 위하여 온 지역을 용서하리라 … 32 아브라함이 또 이르되 주는 노하지 마옵소서 내가 이번만 더 아뢰리이다 거기서 십 명을 찾으시면 어찌하려 하시나이까 이르시되 내가 십 명으로 말미암아 멸하지 아니하리라 33 여호와께서 아브라함과 말씀을 마치시고 가시니 아브라함도 자기 곳으로 돌아갔더라

5
CHAPTER

중보자

세상을 향한 나그네의 기도

영원한 본향을 향한 우리의 여정에서 너무나 쉽게, 그리고 자주 잊어버리는 한 가지가 있다. 그것은 이웃을 향한 관심이다. 그들을 향한 안타까움이다. 다른 사람들까지 염려할 마음의 여유가 없을 때가 참 많은 것 같다.

그러나 아브라함의 발자취를 살펴봄으로, 우리도 이웃을 향한 부담을 기꺼이 짊어지기를 원한다. 한동안 포기했던 가족 구원을 향한 갈망에 새로운 불씨가 점화되기를 바란다.

본향을 향한 여정에 대해 매우 구체적으로 그린 존 번연의 《천로역정》을 토대로 켄 펄스(Ken Puls)라는 찬양사역자가 '베드포드의 감옥'(Bedford's Jail)이란 제목으로 16절이나 되는 찬양을 작사, 작곡을 했다. 이 노래의 가사는 크리스천(천로역정의 주인공)이 시온산을 향해 나아가며 만나는 수많은 사람을 위한 기도의 내용으로 이루어져 있다.

물론 존 번연의 책에 그런 내용은 없다. 하지만 독자를 향한 이런 간절한 마음이 존 번연에게 항상 자리하고 있었다 해도 과언이 아니리라. 베드포드 감옥에 감금되어 있던 약 12년 동안 존 번연은 《천로역정》을 써내려가며 세상을 향해 끊임없이 외쳤기 때문이다. 즉, 그도 본향을 향한 좁은길로 한 걸음씩 나아가며 이웃을 위한 중보자의 심정으로 마지막 순간까지 살아냈다는 뜻이다.

이러한 영감으로 구성한 '베드포드의 감옥'이란 곡의 가사는 다음과 같다.

1절
주여, 죄의 무거운 멍에를 지고 있는 자들을 위하여 기도합니다.
그들이 주님의 말씀을 읽을 때 두려워 떨게 하시고
그들 안에 주님의 강권하심이 자라게 하옵소서.
아버지, 이 땅 위에 쏟아부으실
주의 진노를 피하고자 하는 이들에게
예수님께 나아가는 방향을 바로 가리키게 하옵소서.
그들이 십자가와 구원으로 나아가는 문을 발견하도록 말입니다.

2절

주여, 죄의 늪 속에서 의심으로 침몰해가는 저들을 위해 기도합니다.
그들의 모든 수고는 헛된 것이기에 주님의 도우심만이
유일한 희망임을 깨닫게 하옵소서.
아버지, 그들에게 존귀한 영을 허락하사
튼튼한 땅 위에 세우소서.
그들을 복음의 모든 약속으로 인도하사
넘치는 소망을 발견하게 하옵소서.

10절

주여, 너무나 깊고 어두운 계곡으로
내려가고 있는 자들을 위해 기도합니다.
그들의 길을 밝혀주소서. 그들의 발걸음을 인도하소서.
그들이 목적지에 도달하기까지 용기를 주소서.
아버지, 그들이 사탄과 두려움과 죄와 치열한 전투를 펼칠 때,
오, 주여 그들을 도우소서.
쓰러지면 다시 일어나게 하옵시고
주의 은혜로 승리를 얻게 하옵소서.

하나님의 자녀가 된 우리는 다 이 땅을 위한 중보기도자들임을 잊지 말자. 본향을 향해 나아가는 순례자로서 우리는 이웃에 대한

부담을 짊어져야만 한다. 이것이야말로 영원한 왕국의 주인께서 우리에게 당부하신 임무이기 때문이다.

그렇다면 이 근엄한 임무를 어떻게 감당해야 하는지를 크게 중보자의 조건과 중보자의 자세라는 두 가지 측면으로 살펴보며 정리해보자.

중보자의 조건

창세기 18장에 보면, 아브라함이 부지중에 하나님과 천사들을 대접한 사건이 기록되어 있다. 단순한 나그네인 줄 알고 정다운 식사를 베풀었는데, 알고 보니 천국의 식구들을 대접한 유명한 이야기다. 그 식탁에서 아브라함에게 이삭이 태어날 것이라는 구체적인 예언이 선포된다.

식사를 마친 후, 그 세 명의 손님은 또다시 길을 떠나고자 한다. 길을 떠나려는 하나님과 천사들을 전송하러 동행한 아브라함에게 하나님께서는 자신의 계획을 알리시기로 선택하신다.

> 여호와께서 이르시되 내가 하려는 것을 아브라함에게 숨기겠느냐
> 창 18:17

여기서 한 가지 표현에 관심이 끌린다. "아브라함에게 숨기겠느냐"라는 표현이다. 이것은 아브라함에게만큼은 어떠한 계획과 비밀

도 감출 수 없다는 뜻이다.

그렇다면 아브라함은 어떤 자격으로 이런 크고 비밀한 정보의 공유 대상이 되었단 말인가? 본문을 보면 다음과 같은 세 가지 조건이 충족되어 있었음을 발견할 수 있다.

친밀함

첫 번째 조건은 친밀함이다. 우리가 중보기도를 할 때 안타깝게도 너무나 많은 경우 내가 지지하고, 주장하고, 혹은 옳다고 믿는 이념을 하나님 앞에 아뢰는 경향이 있다. 우리에게 이미 '이것이야말로 하나님의 뜻일 거야'라는 나름의 확신이 있기에 진정 주님의 마음은 헤아리지 못하는 것 같다. 정치적 사상, 애국적 논리, 사회의 유행, 교단적 방침, 사역의 남은 과제, 여론의 방향 등이 우리의 분별력에 크게 영향을 주어 우리의 기도를 편협하게 만든다.

예를 들어, 우리가 나라를 위한 기도를 한다고 하면 남북통일을 위한 기도로 두 말 없이 연결된다거나, 교회를 위한 기도를 할 때 한 사람 한 사람이 참된 예배자로 세워지기를 정직하게 간구하기보다 막연한 부흥을 놓고 구하는 경우가 얼마나 많은가?

그러나 이제는 분명히 알아야 한다. 참된 중보란 하나님의 마음을 깊이 헤아리고, 이해하고, 깨닫고, 공유해야만 할 수 있는 것이다. 지극히 작은 나의 세계관을 주님의 발아래 겸손히 내려놓아야 한다. 이것이 참된 친밀함의 시작이다.

어찌 자신의 것을 주장하면서 주님의 가장 깊은 곳에 진심으로 관심을 기울일 수 있겠는가! 따라서 중보자의 임무를 수행하는 데 있어서 가장 우선적으로 요구되는 조건이 주님과의 친밀함이라고 거듭 강조하여 말하고 싶다.

"아브라함은 그들을 전송하러 함께 나가니라"(16절)라는 표현은 현관까지 나가서 혹은 지하 1층 주차장까지 내려가서 배웅했다는 뜻이 아니다. 이것은 동행할 수 있는 가장 먼 거리까지 함께 걸었다는 의미이다. 이것이야말로 친밀함의 표현 아닌가 싶다. 최소한의 예의를 갖추는 것으로 충분하게 여긴다면, 그 관계는 사랑이 아니라 이익과 의무에 기반하고 있는 관계다. 그러나 최대한 함께하고 싶어 하는 것은 '사랑' 때문이다.

우리는 이 부분에서 우리 자신을 살펴봐야 한다. 최소한의 교회 생활로 만족하고 있지는 않은지 스스로 돌아보라. 이런 형태의 교제를 유지하는 것만으로는 곧 메마르고 탈진하게 되어 있다.

일치함

중보자의 두 번째 조건은 일치함이다. 오랜 세월에 걸친 친밀함을 통해 맺히는 열매가 '일치함'이다. 이것은 생각과 기준과 마음과 관심과 열정이 서로 닮아간다는 뜻이다. 하나님께서 아브라함에게 왜 소돔과 고모라를 방문하고자 하시는지 말씀하시는 내용을 들어보자.

> 여호와께서 또 이르시되 소돔과 고모라에 대한 부르짖음이 크고 그 죄악이 심히 무거우니 내가 이제 내려가서 그 모든 행한 것이 과연 내게 들린 부르짖음과 같은지 그렇지 않은지 내가 보고 알려 하노라
>
> 창 18:20,21

여기서 주님은 누군가를 심판하시기에 앞서 오랫동안 지켜보고 확인하고 알아보시는 분이란 사실을 배울 수 있다. 하나님은 절대로 사람들의 평판이나 사회의 소문이나 세상의 잣대로 우리를 평가하시거나 대하시지 않는다는 뜻이다. 하나님은 '과연' 어떠한지 직접 그 실체를 조사해보기를 원하신다. 이런 이유로 하나님이 멸망 일보 직전에 서게 된 두 성읍을 답사하게 되신 것이다.

노하기를 더디 하시며 멸하기를 즐겨 하지 않으시는 하나님께서 소돔과 고모라를 향한 심란한 마음과 계획을 사랑하는 종 아브라함에게 공유하신다. 우리도 보면 매우 개인적인 감정이나 깊은 생각을 아무에게나 쉽게 공유하지는 않는다. 세상을 바라보는 판단 기준이 전혀 다른 사람에게 무엇이 옳고 그른지에 대해 이야기하는 것 자체가 통증이 되기 때문이다.

따라서 하나님께서 이제 집행하시고자 하는 일들을 아브라함에게 감추심이 없었던 것은 아브라함과 하나님이 일치됨을 이루고 있었기 때문이다. 그가 세상을 바라보고 이해하는 관점은 하나님을 닮아 있었다. 그의 도덕성은 거룩하였다. 그의 세계관은 하나님 중

심적이었다. 그리고 그의 심장에도 멸망할 도시를 향한 어찌할 바 모를 안타까움의 씨앗이 있었다.

흡수성

중보자의 세 번째 조건은 흡수성이다. 한 사람의 온전한 중보자가 탄생하기 위해서는 우선 친밀함이 요구된다는 사실을 우리는 이미 앞에서 살펴보았다. 친밀함은 주님을 사랑하는 것이다. 사랑하기 때문에 최소한의 교제로는 만족이 되지 않는다. 최고를 드리지 않으면 아무것도 드리지 않은 것같이 느껴진다. 함께 갈 수 있는 가장 먼 거리를 동행하여도 그 여정이 한없이 짧게만 느껴질 뿐이다. 이 과정에서 피어나는 꽃이 일치함이다. 함께 걸어가는 길목 길목에서 자신도 모르는 사이에 주님을 닮게 된 것이다.

여기서 주님을 닮아가는 거룩한 추구는 절대로 정체된 물과는 다르다는 사실을 기억하자. 이 땅에 사는 동안 우리는 끊임없이 주님에 대해 배워가게 된다. 따라서 우리에게 흡수성이 필요한 것이다. 하나님께서 우리를 지금까지 우리의 생각이 미치지 못했던 영역으로 확장시키고자 하실 때, 변화를 감수할 각오가 되어 있는가라는 질문 앞에 서야 한다.

기도의 결과로 전혀 예상 못 한 답이 돌아올 때, 그것을 받아들일 겸손이 있는지 고민해보기를 원한다. 즉 참된 중보자는 성장할 수 있는 가능성을 소유한 사람이어야만 한다. 그렇지 않다면 자신의 생각과 경험과 의지와 욕심과 방향을 절대로 굽히지 않을 것이다. 결국 주님의 뜻이 이루어지기를 위해 중보의 기도를 드리기보다 자신의 것을 주장하는 비극을 낳게 되어 있다.

주님의 음성에 자세히 귀를 기울여보자.

> 아브라함은 강대한 나라가 되고 천하 만민은 그로 말미암아 복을 받게 될 것이 아니냐 내가 그로 그 자식과 권속에게 명하여 여호와의 도를 지켜 의와 공도를 행하게 하려고 그를 택하였나니 이는 나 여호와가 아브라함에 대하여 말한 일을 이루려 함이니라 창 18:18,19

하나님의 관심은 아브라함이 언젠가 강대국을 이루는 데 있지 않으셨다. 궁극적으로, 그 자식과 권속에게 의(義)와 공도(公道)로 안내할 수 있는지에 관심이 있으셨다. 소돔과 고모라의 심판 사건은 아브라함에게 있어서 하나님의 의와 공노를 실제로 가까이에서 목격할 수 있는 최고의 기회였던 것이다.

아브라함의 신학이 또 한 번 성장을 맞이할 기회가 온 것이다. 언제나 그렇다. 하나님께서는 중보자를 통해서 그 이웃을 변화시키시기 전에, 중보자 자신이 변하기를 원하신다. 한 도성에 경고하시기에 앞서, 주의 종에게 먼저 말씀하는 분이시다. 세상을 심판하시기에 앞서, 교회를 권고하는 분이시다. 선교를 진행하시기 위하여 선교사의 편협된 사고방식을 우선 구조조정하시는 분이시다. 그러므로 주님이 허락하시는 변화와 확장과 성장과 도전을 향한 흡수력 없이는 절대로 건전한 중보자가 될 수 없는 것이다.

중보자의 자세

지금까지 우리는 중보자가 되기 위한 필수 조건에 대해 정리해보았다. 이제 중보자의 자세에 대해 잠시 생각해보고자 한다. 주님께 상달되는 기도를 드리기 위해 중보자가 유지해야 하는 자세가 있다. 아브라함은 하나님과 멸망을 앞둔 두 성읍 사이에 중보자로 섰다. 그리고 그는 참된 중보자의 자세를 취하였다. 그 자세에 대해 성경은 이렇게 기록한다.

> 그 사람들이 거기서 떠나 소돔으로 향하여 가고 아브라함은 여호와 앞에 그대로 섰더니 창 18:22

이제, 그가 그날 취한 네 가지 자세를 조금 더 구체적으로 생각해보자.

주님께 나아가는 자세

우선 그는 주님께 나아가는 자세를 취했다.

> 아브라함이 가까이 나아가 이르되 주께서 의인을 악인과 함께 멸하

러 하시나이까 창 18:23

여기서 "아브라함이 가까이 나아가"라는 표현은 의미심장하다. 단순히 물리적인 거리가 가까워졌다는 표현이 아니기 때문이다. 이것은 두 성읍을 등지고 여호와 하나님 앞에 서게 된 아브라함이 이제 주님과 더 신중한 대화에 돌입하고자 정중히 취한 자세를 의미하는 표현이다.

매우 겸손하고 조심스런 모습으로 하나님과 속삭일 수 있는 위치에 자신을 두었다는 뜻이다. 즉, 거룩한 용기를 내어 하나님과 깊은 교제 속으로 파고들기를 시도했다는 뜻이다.

이런 자세 없이 어찌 나라와 민족과 가정을 위해 중보기도할 수 있겠는가! 우리 주님이 뭐라고 말씀하셨는지 기억하는가?

> 너는 기도할 때에 네 골방에 들어가 문을 닫고 은밀한 중에 계신 네 아버지께 기도하라 은밀한 중에 보시는 네 아버지께서 갚으시리라
> 마 6:6

오늘날, 나라와 민족을 위한 기도회가 정말 여러 곳에서 많이 열리고 있다. 너무나 귀한 모임들이다. 그러나 가끔 한 가지 안타까운 모습을 발견할 때가 있다. 하나님과 속삭일 수 있는 자리로 나아가 주님의 음성에 귀를 기울이기보다 정치적 이념과 민족적 사상과 사

역적인 과제를 내려놓지 못하고 끌어안은 채 기도하는 모습이다.

뿐만 아니라 골방에 들어가 문을 닫고 기도하기보다 중보기도 모임이나 특별 집회로 끝나고 만다는 점이다. 그들은 대개 역사가 어떻게 흘러가야 한다고 이미 다 정해놓고, 그것만이 하나님의 뜻이라고 단정 지으며 그렇게 되기를 위하여 울부짖으며 기도한다. 하지만 이런 것은 진정한 중보기도가 아니다.

중보기도는 "주님께로 가까이 나아가도 괜찮겠습니까?"라는 두려움과 떨림을 가지고 먼저 하나님 앞에 서는 것으로 시작되어야 한다. 그리고 감히 주님께 아뢰는 것이다.

'주님, 말씀해주세요. 이 나라를 향한 주님의 뜻은 무엇입니까? 죽어가는 백성들을 어찌하여야 살릴 수 있겠습니까? 이제 교회가 서야 할 자리는 어디입니까? 그리고 우리는 무엇을 위하여 기도해야 하겠습니까? 주님의 경영이 저의 뜻과 생각과 계획과 다를지라도 저는 주님을 따를 준비가 되어 있습니다!'

하나님의 공의로우심을 확신하는 자세

중보자의 두 번째 자세는 공의로우심을 향한 확신을 소유하는 것이다.

아브라함의 중보기도는 하나님의 속성, 즉 하나님의 공의에는 실수나 오류나 모순이 존재하지 않는다는 진리를 기반으로 하고 있다. 악인을 멸하기 위해 의인의 생명까지 통째로 위협하지 않으신다는 것을 그는 잘 알고 있었다. 주님의 심판이 정확하시다는 사실에는 의심의 여지가 없다는 것을 그는 굳게 믿고 있었다. 그래서 그는 주님께 아뢰며 주님의 응답에 귀를 기울인다.

"아브라함이 가까이 나아가 이르되 주께서 의인을 악인과 함께 멸하려 하시나이까?"(창 18:23)

그는 확신하고 있었다. 주님은 공의로우신 분이란 사실을! 주님은 의인을 절대 잊지 않으신다는 사실을! 그래서 그는 말한다.

"주께서 이같이 하사 의인을 악인과 함께 죽이심은 부당하오며 의인과 악인을 같이하심도 부당하니이다 세상을 심판하시는 이가 정의를 행하실 것이 아니니이까?"(창 18:25)

즉, 다가오는 상황을 다 헤아릴 수는 없어도 적어도 주님의 공의에 금이 가지는 않을 것이란 사실만큼은 잘 알고 있다는 고백이다. 이렇게 시작된 주님과의 대화는 32절까지 이어지는데, 그의 모든 언어 선택은 주님의 공의로우심을 향한 그의 신뢰를 너무나 잘 보여주고 있다.

만약 중보기도자가 주님의 공의로우심에 대한 확신 없이 기도한다면, 그것은 매우 위험한 결과를 초래할 수 있다. 자신이 생각했던 정의로운 결과가 주님의 계획과 완전히 맞아떨어지지 않을 경우, 그는 벌어지는 상황을 도저히 납득하지 못할 것이기 때문이다. 주님의 속성에 대한 견고한 신뢰가 없는 상태로 사회적 정의감에 불타오르면 자신도 모르는 사이에 사고를 칠 수 있다. 주님의 총체적 경영을 이해하지 못한 채 인권에 몰두해 있으면, 주님이 일하시는 수많은 역사가 부당하게만 보일 것이다. 그의 제한된 세계관은 노예생활 40년과 포로생활 70년을 허락하실 수도 있는 하나님을 용납할 수 없을 것이다. 이렇다면 어떻게 진정으로 하나님 뜻에 맞는 중보기도를 드릴 수 있겠는가!

겸손의 자세

셋째로 중보자는 위대한 겸손의 자세를 취한다.

참된 겸손은 자신을 부인하는 데서 말미암는다. 빌립보서 2장은 예수 그리스도의 겸손에 대해 다음과 같이 소개하고 있다.

> 그는 근본 하나님의 본체시나 하나님과 동등됨을 취할 것으로 여기지 아니하시고 오히려 자기를 비워 종의 형체를 가지사 사람들과 같이 되셨고 사람의 모양으로 나타나사 자기를 낮추시고 죽기까지 복종하셨으니 곧 십자가에 죽으심이라 빌 2:6-8

얼마나 아름다운 모습인가! 우리 주님은 자신을 부인하셨다. 자신을 스스로 낮추시고 비우셨다. 그리고 아버지 하나님께 굴복하여 죽기까지 순종하셨다. 이것이 겸손이다!

하나님 앞에 선 아브라함의 모습은 겸손했다. 그는 지극히 높으신 분을 두려워하고, 한없이 낮은 자신을 분명히 인지하고 있었다.

그의 말을 들어보라.

> 아브라함이 대답하여 이르되 나는 티끌이나 재와 같사오나 감히 주께 아뢰나이다 … 아브라함이 이르되 내 주여 노하지 마시옵고 말씀하게 하옵소서 … 아브라함이 또 이르되 내가 감히 내 주께 아뢰나이다 … 아브라함이 또 이르되 주는 노하지 마옵소서 내가 이번만 더 아뢰리이다 거기서 십 명을 찾으시면 어찌하려 하시나이까 이르시되 내가 십 명으로 말미암아 멸하지 아니하리라 창 18:27-32

하나님은 아브라함을 친구로 여기고 계셨다. 그에게 숨길 것이 없다고 말씀하실 정도였다. 그렇다면 아브라함도 조금 편하게 하나님을 대할 수 있지 않았을까? 적어도 요즘 드려지고 있는 수많은 찬양을 보면 충분히 그럴 수 있었다고 착각할 수 있을 것 같다. 얼마나 많은 집회 현장에서 "주님은 나를 친구로 부르셨네"라고 외치며 뛰어놀고 있는가? 전부라고 말할 수는 없지만 많은 경우 이런 현장에서는 하나님을 향한 경외함도, 자신의 모습을 낮추는 겸손함도, 부르고 있는 찬양의 고백에 대한 진실성도, 예배 현장에 반드시 있어야 하는 거룩함도 잘 느껴지지 않는다. 우리의 시선을 앗아가는 휘황찬란한 조명과 화려한 무대장치가 있을 뿐이다. 주님의 세미한 음성을 경청하는 것을 방해하는 인간적인 열기만 두드러진다. 결국, 하나님의 음성이 아닌 세련된 찬양팀만 기억에 남는다.

그러나 하나님이 우리에게 바라시는 것은 겸손이다. 중보자에게 요구되는 자세도 스스로 낮추는 모습임을 꼭 기억하자. 이제 이 사실에 눈을 떠야 한다.

> 너희 안에 이 마음을 품으라 곧 그리스도 예수의 마음이니 빌 2:5

아브라함은 하나님 앞에서 자신을 부인하고 있었다. 그는 자기가 가장 소중하게 여기는 것을 뒤로 미뤘다. 소돔과 고모라를 심판하신다는 소식을 처음 접했을 때, 그의 마음에 가장 먼저 떠오른 것이 무엇이었을지 한번 짐작해보라. 맞다! 아마도 분명 조카 롯을 떠올렸을 것이다. 사랑하는 조카가 그 땅에 거주한다는 사실을 누구보다 잘 알고 있던 아브라함이었다.

그러나 한 가지 놀라운 것은, 그는 그날 하나님과의 대화에서 단 한 번도 롯을 언급하지 않았다는 사실이다. 그는 소돔과 고모라를 대신하여 중보하는 과정에서 전혀 개인적인 기도제목을 앞세우지 않았다. 그는 자신을 부인함으로 겸손한 자세를 취했다. 자신의 욕심을 주장하기보다 주님의 마음을 헤아리고자 했다. 먼저 주의 나라와 의를 구한 것이다.

주님의 은혜를 의지하는 자세

마지막으로, 중보자에게는 주님의 은혜를 의지하는 자세가 있다. 아브라함은 하나님께 조심스럽게 간구한다.

"그 성 중에 의인 오십 명이 있을지라도 주께서 그곳을 멸하시고 그 오십 의인을 위하여 용서하지 아니하시리이까"(창 18:24)

주님은 그 성 중에 의인 오십 명이 있으면 멸하지 않겠다고 답하신다. 순간적으로 안심이 되었지만, 동시에 불길한 예감이 들었을 것이다. 의인의 수가 오십 명보다 적을 수도 있다는 가능성을 배제할 수 없기 때문이다. 그래서 그는 한 번 더 용기를 내어 주님께 여쭙는다.

"오십 의인 중에 오 명이 부족하다면 그 오 명이 부족함으로 말미암아 온 성읍을 멸하시리이까?"(창 18:28)

의인이 사십오 명밖에 되지 않는다고 해도 그 성읍을 멸하지 않겠다고 주님은 대답하셨다. 이러한 패턴으로 그 대화는 전개된다.

얼핏 보기에는 단순한 흥정처럼 보인다. 하지만 그날 아브라함은 신앙의 위대한 모험을 한 것이다. 앞에서 말했듯이, 하나님께서는 아브라함을 변화시키기를 원하셨다.

"내가 그로 그 자식과 권속에게 명하여 여호와의 도를 지켜 의와 공도를 행하게 하려고 그를 택하였나니 이는 나 여호와가 아브라함에게 대하여 말한 일을 이루려 함이니라"(창 18:19).

아브라함에게는 언젠가 그 자식과 권속에게 여호와의 도를 정확하게 알려줄 의무가 있었다. 그러기 위해서는 우선 그가 하나님에 대하여 정확하게 배워야만 했다. 하나님에 대해 배운다는 것은 지성과 믿음의 틀을 확장한다는 뜻이다. 그날, 아브라함은 이러한 신앙의 모험을 시도한 것이다.

그가 원래 소유하고 있던 틀의 한계는 '오십 명의 의인이라면 성읍을 멸망시키지 않으실 수도 있다'는 가능성이었다. 그러나 그의 이러한 가설이 사실로 확인되자, 그는 조금 더 숫자를 줄여보기로 도전한다. 그는 아직 가보지 못한 새로운 신학적 영역으로 진입하게 된 것이다.

처음에는 다섯 명 단위로 소심하게 모험을 시작한다. 그는 50명에서 시작하여 45명으로, 그리고 40명으로 하나님의 은혜를 향한 기대치를 조금씩 높여갔다. 하지만 세 번이나 연속으로 동일한 응답을 경험하며 믿음의 담력을 소유하게 된 그는 숫자의 폭을 넓혀보기로 한다.

"거기서 삼십 명을 찾으시면 어찌하려 하시나이까?"(창 18:30)

이번에도 주님의 대답은 같았다. 멸망시키지 않으시겠다는 선언이다. 그래서 그는 이십 명은 어떤지 시도해본다. 그리고 최종적으로 십 명까지 의인의 숫자를 최대한 낮추어본다.

"거기서 십 명을 찾으시면 어찌하려 하시나이까?"(창 18:32)

물론, 이번에도 주님의 반응은 다르지 않았다. 이 대화가 시작되었을 때만 해도, 아브라함이 가지고 있었던 신학적 한계는 의인 50명 정도라면 용서하실 수 있는 하나님이셨다. 그에게 50명이란 숫자는 어느 정도 합리적인 숫자라고 여겨졌던 것 같다. 그러나 머지 않아 그의 신학의 틀은 확장되었다. 주님의 은혜의 깊이와 넓이를 더 정확하게 배우게 된 것이다. 결과적으로 그는 주님의 은혜를 더 의지하는 자리에 서게 된다. 드디어 주님의 긍휼히 여기심을 구하는 참된 중보자로 일어선 것이다.

우리에게 있는 참된 중보자

이 사건을 볼 때, 궁금한 것이 있다. 그날, 아브라함은 왜 열 명에서 그의 신학적 모험을 중단하였는가라는 의문이다. 여기에는 여러 가지 이유를 들어서 설명해볼 수 있을 것이다. 예를 들어, 양심상 더 이상 의인의 숫자를 낮춰서 말하기 어려웠을 수도 있다. 벌써 염치없이 몇 번이나 말을 바꾸었는가? 아니면 아브라함은 하나님이 두려워서 그 이상은 대화를 이어가지 못했는지도 모르겠다. 여섯 차례에 걸쳐서 하나님 은혜에 대한 자신의 가설을 가지고 하나님을 번거롭게 하고 있다는 사실이 솔직히 얼마나 아찔한 경험일지, 나는 짐작도 못 하겠다.

혹은 단순히 거기까지가 그의 세계관의 탄력성의 한계였을 수도 있다. 우리 생각의 틀이란 확장될 수 있는 유연성을 어느 정도는 가지고 있다. 그러나 고무줄이라 해도 무한히 늘어나는 것이 아니듯이, 우리의 세계관도 마찬가지다. 어느 순간 끊어지고 마는 한계점이 존재한다. 아마 아브라함이 최대한 상상할 수 있었던 하나님 은혜의 한계점은 의인 열 명이 아니었나 싶다. 두 성읍에 거주하고 있는 인구에 비례해 '열 명의 의인이 있어도 멸망시키지 않으시는 하나님'도 당시 사람들이 알고 있던 신의 개념과는 너무나 달랐기 때문이다.

무엇이 그로 하여금 더 이상 나아가지 못하게 했는지는 정확히 알 수 없다. 하지만 우리가 답할 수 있는 질문이 하나 있다. 만약 아브라함이 계속 숫자를 낮춰가며 질문했다면, 몇 명의 의인에 이르기까지 하나님은 그 성을 용서하겠다고 대답하셨을까? 이 질문에 대한 답을 아브라함은 아마 상상도 하지 못했을 것이다. 감히 그러한 숫자는 도저히 입에 담을 엄두도 내지 못했을 것이다. 그 답은 '의인 한 사람'이다. 이것이 성경이 우리에게 전해주고 있는 복음이다.

성경은 우리에게 명백하게 밝혀주고 있다.

> 기록된 바 의인은 없나니 하나도 없으며 깨닫는 자도 없고 하나님을 찾는 자도 없고 다 치우쳐 함께 무익하게 되고 선을 행하는 자는 없나니 하나도 없도다 롬 3:10-12

그렇다! 이 세상이란 도성에는 의인이 단 한 사람도 없다. 그러나 의인 한 사람이 이 땅에 오셨다. 우리가 구원을 받는 것은 이 한 사람의 의인, 그분의 공로 때문이다.

> 모든 사람이 죄를 범하였으매 하나님의 영광에 이르지 못하더니 그리스도 예수 안에 있는 속량으로 말미암아 하나님의 은혜로 값없이 의롭다 하심을 얻은 자 되었느니라 롬 3:23,24

그분은 이제 하나님과 우리 사이에 영원한 중보자가 되셨다. 히브리서 기자는 그분에 대해 이렇게 소개하고 있다.

> 새 언약의 중보자이신 예수와 및 아벨의 피보다 더 나은 것을 말하는 뿌린 피니라 히 12:24

그분의 피는 아벨의 피보다 더 나은 것을 말하고 있다고 한다. 아벨의 핏소리를 기억하는가? 가인이 아벨을 살해하였을 때, 하나님께서는 가인에게 말씀하셨다.
"네 아우의 핏소리가 땅에서부터 내게 호소하느니라"(창 4:10).
아벨의 피는 하나님께 공의를 집행해달라고 땅에서부터 외쳤다. 그 공의는 가해자인 가인이 대가를 치르는 것으로 성취된다. 히브리서 기자는 땅에서 외치는 또 하나의 피가 있다고 말한다. 그 피는 예수 그리스도의 피다. 그런데 그 피는 더 나은 것을 말하고 있다고 한다. 무엇이 더 나은 것인가? 예수 그리스도의 피 역시 동일하게 하나님께 공의를 위하여 호소하고 있다. 그러나 예수님의 피가 요구하는 공의는 아벨의 피와 다르다. 예수님의 피는 말한다.

"아버지, 제가 대가를 다 치렀습니다. 이제 공의를 집행해주셔서 저들의 죄를 사하여주옵소서."

이분이 우리의 영원한 중보자시다. 예수 그리스도 안에서는 공의와 은혜가 절대 충돌하지 않는다. 우리 주님은 하나님과 동등됨을 취할 것으로 여기지 않으시고 자신을 비우신 겸손한 중보자시다. 이 순간에도 주님은 우리를 대신하여 아버지께 간구하고 계신다. 영원토록 우리를 변호해주시는 중재자시다. 예수 그리스도 안에서 우리가 확인할 수 있는 하나님의 음성은 언제나 "내가 너를 멸하지 아니하리라"이다. 이 얼마나 복된 소식인가!

이제 우리도 이러한 축복을 받은 자로서 죽어가는 세상과 영혼들을 위한 중보의 기도자로 일어나자!

◇◇◇

매일매일 주님을 의지하는 것 외에는 없네
폭풍을 통과할 때에 주님을 의지하세
나의 믿음이 작을 때에도,
주님을 의지하는 것 외에는 없네

나의 생이 다하는 날까지 주님을 의지하리
이 땅이 사라지는 그 순간까지
벽옥으로 만들어진 성에 들어갈 때까지
주님을 의지하는 것 외에는 없네

시간이 흘러가도 주님을 의지하리

세월이 지나가도 주님을 의지하리
무슨 일이 내게 다가와도 주님을 의지하리
주님을 의지하는 것 외에는 없네

◇

Simply trusting everyday,
Trusting through a stormy way;
Even when my faith is small,
Trusting Jesus, that is all.

Trusting Him while life shall last,
Trusting Him till earth be past;
Till within the jasper wall,
Trusting Jesus, that is all.

Trusting as the moments fly,
Trusting as the days go by;
Trusting Him whate'er befall,
Trusting Jesus, that is all.

Simply Trusting Every Day(어려운 일 당할 때), E. P. Stites

창세기 18장 9-15절

9 그들이 아브라함에게 이르되 네 아내 사라가 어디 있느냐 대답하되 장막에 있나이다 10 그가 이르시되 내년 이맘때 내가 반드시 네게로 돌아오리니 네 아내 사라에게 아들이 있으리라 하시니 사라가 그 뒤 장막 문에서 들었더라 11 아브라함과 사라는 나이가 많아 늙었고 사라에게는 여성의 생리가 끊어졌는지라 12 사라가 속으로 웃고 이르되 내가 노쇠하였고 내 주인도 늙었으니 내게 무슨 즐거움이 있으리오 13 여호와께서 아브라함에게 이르시되 사라가 왜 웃으며 이르기를 내가 늙었거늘 어떻게 아들을 낳으리요 하느냐 14 여호와께 능하지 못한 일이 있겠느냐 기한이 이를 때에 내가 네게로 돌아오리니 사라에게 아들이 있으리라 15 사라가 두려워서 부인하여 이르되 내가 웃지 아니하였나이다 이르시되 아니라 네가 웃었느니라

창세기 21장 1-7절

1 여호와께서 말씀하신 대로 사라를 돌보셨고 여호와께서 말씀하신 대로 사라에게 행하셨으므로 2 사라가 임신하고 하나님이 말씀하신 시기가 되어 노년의 아브라함에게 아들을 낳으니 3 아브라함이 그에게 태어난 아들 곧 사라가 자기에게 낳은 아들을 이름하여 이삭이라 하였고 4 그 아들 이삭이 난 지 팔 일 만에 그가 하나님이 명령하신 대로 할례를 행하였더라 5 아브라함이 그의 아들 이삭이 그에게 태어날 때에 백 세라 6 사라가 이르되 하나님이 나를 웃게 하시니 듣는 자가 다 나와 함께 웃으리로다 7 또 이르되 사라가 자식들을 젖 먹이겠다고 누가 아브라함에게 말하였으리요마는 아브라함의 노경에 내가 아들을 낳았도다 하니라

6 CHAPTER

그 웃음소리 들리기까지

다시 웃을 때

몇 년 전, 나는 어머니께 이렇게 질문한 적이 있다.

"내 삶에 웃을 날이 다시 올까요?"

그때 어머니께서는 "정말 좋은 날은 아직 오지도 않았어"라고 대답해주셨다. 물론 그 답은 나 자신도 잘 알고 있었다. 살아가다 보면 앞이 캄캄한 좌절의 시절도 있지만, 또 위로와 회복의 시간도 있다는 것을 말이다. 하지만 그때는 누군가를 통해서 이 사실을 확인하고 직접 듣고 싶었다.

기다림의 시간이 길어지게 되면 사람은 누구나 이런 목마름을 경험하게 되는 것 같다. 당시 나는 어느 날 갑자기 찾아온 신체적 통증으로 완전히 주저앉은 상태였다. 한두 달이면 상황이 달라질 거라 예상했던 것과 달리 너무나 길어지던 건강 문제는 나에게 무기력과 우울을 안겨주었다.

우리 인생에 언젠가 반드시 찾아오는 이런 어두운 터널 속에서 우리는 어떻게 나아가야 하는가? 모든 소망이 끊긴 것 같은 날이 왔을 때, 우리는 어떻게 견뎌야 하는가? 고통스런 상황이 생각보다 악화되거나 장기화될 때, 우리는 무엇을 바라보아야 하는가?

우리만 이런 질문들과 씨름한 것이 아니다. 아브라함의 삶 역시 이런 질문과 갈등의 연속이었다. 슬픔의 날이 지나가고 마침내 눈물이 웃음으로 변하는 그날이 이를 때까지 우리는 어떻게 해야 하는지 그의 인생에서 살펴보자.

인생의 아픔

어떤 이들은 한평생에 걸친 아픔을 소유하고 있다. 아무리 노력해도 도저히 해결할 수 없었던 문제들이 있지 않은가? 쓰라린 가정의 현실, 잊고 싶은 지난날의 상처, 치유되지 않는 질병과 장애, 혹은 헤어나올 수 없는 물질적인 어려움, 현실의 문제 등등 말이다. 이런 상황이 지속되면서 인생을 향한 태도가 소극적이고 비관적으로 변하게 되는 경우가 참 많은 것 같다. 그 결과, 어떤 응답이 약속된대도 그것을 쉽사리 믿지 않게 된다.

이런 불신이 쌓여갈 때 주님과의 교제도 메마르고, 기적에 대한 기대도 사라지고, 삶에 대한 즐거움도 증발한다. 아브라함의 아내 사라가 아마도 이런 모습이 아니었을까 싶다.

메마른 자신감의 아픔

첫째로, 사라는 사회적으로 자신감이 메마른 모습이었다. 아브라함의 집을 방문한 손님들이 사라가 잉태할 것이라는 좋은 소식을 전해주는 현장에 당사자인 그녀는 없었다.

> 그가 이르시되 내년 이맘때 내가 반드시 네게로 돌아오리니 네 아내 사라에게 아들이 있으리라 하시니 사라가 그 뒤 장막 문에서 들었더라 창 18:10

문 뒤에 숨어서 대화 내용에 귀를 기울인 사라의 모습에, 가부장적인 당시 사회 분위기 탓을 하는 이들도 있을 것이다. 식사 자리 참석이 제한됐을 것이라고 변호하는 사람도 있으리라 생각된다. 하지만 9절에서 명백하게 드러나는 한 가지 사실은, 이 소식을 전하기에 앞서서 그 손님들이 사라를 찾았다는 것이다.

"그들이 아브라함에게 이르되 네 아내 사라가 어디 있느냐"(창 18:9).

즉, 이제부터 나누고자 하는 이야기의 공개 대상이 우선적으로 사라였다는 뜻이다. 그렇다면 사라는 왜 그들의 시선을 피할 수 있는 은밀한 위치에서 이야기를 경청했을까? 무엇 하나 자랑하고 내

세울 것 없는 자신의 모습으로 인해 심히 위축되어 있던 상태였기 때문일 것이다. 당시 사회에서는 아이를 낳을 수 없는 여인은 멸시의 대상이었다. 노년에 자녀가 없는 그녀는 칭찬과 존경을 받을 수 있는 존재가 아니었다. 심지어 애굽에서 데리고 온 여종 하갈에게까지 업신여김을 받을 정도였으니 말이다.

"아브람이 하갈과 동침하였더니 하갈이 임신하매 그가 자기의 임신함을 알고 그의 여주인을 멸시한지라"(창 16:4).

어쩌면 우리 인생은 우리 몸에서 생명이 떠나기도 전에 끝이 날 수도 있는 것 같다. 살아가야 할 이유, 자신의 가치, 혹은 언젠가 상황이 조금이라도 나아질 것이라는 기대 같은 것들이 우리 인생에 활기를 불어넣어주는데, 마치 위태로운 촛불이 한순간에 훅 꺼져버리듯이 이런 활기가 어느 한순간 확 사라져버릴 때가 있다. 바로 그때 우리는 비록 숨은 쉬고 있지만 죽은 것과 다름없다고 느낀다. 바로 이것이 당시 사라의 모습이었다.

육체적 한계의 아픔

둘째로, 사라는 육체적으로 한계점에 도달한 모습이었다.

> 아브라함과 사라는 나이가 많아 늙었고 사라에게는 여성의 생리가 끊어졌는지라 **창 18:11**

그녀는 잉태할 수 있는 능력을 상실한 지 오래였다. 당시 그녀의 나이는 약 90세였다.

"…사라는 구십 세니 어찌 출산하리요 하고"(창 17:17).

한때 자랑했던 아름다운 미모도 이제는 사라졌다. 따라서 자신을 꾸미고 단장하는 재미도 없어졌을 것이다. 뿐만 아니라 한 사람의 여성으로서의 정체성이 완전히 흐려져 있었다.

사람은 살아가면서 인생의 각 계절마다 자신의 정체성으로 삼는 것들이 있다. 예를 들어, 십 대, 이십 대 때는 학교와 성적을 가장 앞세워 자기를 소개하는 경우가 많다. 그러다 삼사십 대에 접어들어가면서는 대개 직장과 직업, 혹은 연봉 같은 것들로 자신을 소개한다.

하지만 이런 것들이 전혀 허락되지 않았던 고대 가부장적 사회에서 여자들은 남편이 자신을 어떻게 평가하는지를 가장 중요하게 생각했다. 남편이 자기를 평가하는 기준에 따라 자신의 가치가 정해지기 때문이다. 그리고 여성의 자존감에 있어서 지식에게 얻는 기쁨과 위로와 확신도 매우 중요했다. 특히 자식 출산은 여성이 남편에게 사랑을 보장받는 거의 유일한 길이었다 해도 과언이 아니었다.

그런 시대에 사라는 남편에게 자식을 안겨주지 못했다. '아무개의 엄마'라고 불릴 만한 정체성이 없었다. 어느덧 주름지고 늙어가는 육신을 입고 있었을 뿐이다. 육신도 이제 말을 잘 듣지 않는다. 여성으로서의 모습은 잃어버린 지 오래됐다.

"사라는 나이가 많아 늙었고 사라에게는 여성의 생리가 끊어졌는지라."

그녀의 자존감은 바닥을 친 상태였다.

상실한 즐거움의 아픔

셋째로, 사라는 인생의 즐거움을 완전히 상실한 모습이었다.

이미 앞에서 살펴보았듯이, 한때 바로를 사로잡았던 그녀의 아름다움도 이제 시들었다. 한동안 그녀의 탁월한 미모로 인하여 자신의 신변을 걱정하던 남편도 이제는 그런 염려는 별로 안 하는 것 같다.

어떤 이들은 이에 대해 다음과 같은 이의를 제기할지도 모르겠다. 창세기 20장에서 아브라함이 아내인 사라를 자기 누이라고 아비멜렉에게 거짓말한 것을 보면 그녀의 미모는 90세의 나이에도 여전히 흠모할 만했다고 추정하는 것이다. 그러나 창세기 12장에서 아브라함이 바로를 속인 것과 20장에 기록된 사건은 본질적으로 구성이 다르다. 이에 대해 잠시 살펴보고 넘어가자.

얼핏 보기에는 매우 비슷한 스토리라인이라고 할 수 있다. 아브라함은 아내를 자기 누이라고 속였고, 결과적으로 그 나라 왕이 사라를 데리고 갔다. 이처럼 아주 흡사한 두 이야기이지만, 몇 가지 차이점이 있다는 점을 짚고 넘어가고 싶다. 예를 들어, 애굽 왕 바로는 하나님을 믿지 않는 사람이었다. 하지만 블레셋 그랄 왕 아비멜렉은 하나님에 대해 잘 아는 사람이었던 것이 분명하다. 아비멜렉의 꿈에 나타나셔서 심판을 경고하신 하나님께 그가 뭐라고 대답하는지만 들어봐도 이 사실을 쉽게 확인할 수 있다.

> 아비멜렉이 그 여인을 가까이하지 아니하였으므로 그가 대답하되 주여 주께서 의로운 백성도 멸하시나이까 창 20:4

애굽과 그랄에서 일어난 두 사건의 차이는 또 있다. 두 사건은 결과가 매우 달랐다. 아브라함의 아내라는 사실이 밝혀진 후, 아브라함의 가족은 애굽에서 추방당했다. 하지만 아비멜렉은 아브라함에게 기도를 요청했으며, 그가 그랄 땅에 거주할 수 있도록 허락해 주었다.

마지막으로 한 가지 더 지적할 것이 있다. 아브라함이 왜 사라를 자기의 누이라고 했는가에 대한 부분이다. 창세기 12장에 기록된 사건은 그 이유를 명명백백하게 밝혀주고 있다. 애굽 입국 직전에 아브라함이 사라에게 속삭인 말을 들어보자.

> 그가 애굽에 가까이 이르렀을 때에 그의 아내 사래에게 말하되 내가 알기에 그대는 아리따운 여인이라 애굽 사람이 그대를 볼 때에 이르기를 이는 그의 아내라 하여 나는 죽이고 그대는 살리리니 창 12:11,12

사라의 아름다움은 아브라함만의 주관적 취향과 견해가 아니었다. 성경은 다음과 같이 기록하고 있다.

> 아브람이 애굽에 이르렀을 때에 애굽 사람들이 그 여인이 심히 아리따움을 보았고 창 12:14

이처럼 애굽에서 일어난 사건의 중심에는 사라의 미모가 언급되고 있다. 그러나 비슷한 사건이라고 하지만, 그랄에서 일어난 사건에서는 단 한 번도 그녀의 외모에 대한 언급이 없다. 그렇다면 아비멜렉은 왜 사라를 데리고 간 것일까? 그것은 동맹을 맺기 위해서다. 아브라함의 명성이 이미 그 지방에서 널리 알려졌다는 사실을 절대 잊어서는 안 된다. 아브라함은 왕국들과 맞서서 전투를 하고 승리를 거둔 히브리 족속의 추장으로, 자랑할 만한 세력을 보유하고 있었다. 그돌라오멜을 이긴 그의 용맹스러움을 기억하는가! 당시 이런 대상과 동맹을 맺는 것은 보편적인 문화였다. 그리고 동맹을 맺기 위해 그의 누이를 아내로 맞이하는 것보다 더 좋은 방법은 없을 것이다.

그날, 마므레 상수리나무가 우거진 곳에 천국의 귀빈들이 찾아왔을 때 사라의 외모는 칭찬거리가 아니었다. 이런 현실을 그녀 자신도 잘 알고 있었다. 남편에게 아름답다는 따뜻한 말 한마디를 들어본 지 오래되었을지 모르겠다. 특히 자녀가 없던 그녀는, 스스로 느끼는 무능력과 무기력으로 인해 자존감이 무너진 상태였다. 이런 여인에게 무슨 즐거움이 있단 말인가? 무슨 낙이 있을 수 있단 말인가? 그저 오랜 세월 속에서 똘똘 뭉친 부정적이고 비관적인 상한 심령만 있었을 뿐이다. 그래서 그녀는 이렇게 반응한다.

> 사라가 속으로 웃고 이르되 내가 노쇠하였고 내 주인도 늙었으니 내게 무슨 즐거움이 있으리요 창 18:12

여기서 말하는 '즐거움'은 부부의 관계를 뜻하는 표현이다. 사라가 잉태한다고 하는 것은 오늘부터 그러한 관계가 부부간에 다시 이루어져야 한다는 권면을 암시하고 있다. 그래서 임신 기간을 고려했을 때 그때로부터 약 1년을 잡고 아들이 태어날 것이라고 약속하고 있는 것이다.

> 그가 이르시되 내년 이맘때 내가 반드시 네게로 돌아오리니 네 아내 사라에게 아들이 있으리라 하시니 사라가 그 뒤 장막 문에서 들었더라 창 18:10

그녀에게 전해진 이 소식은 복잡한 감정을 불러일으켰을 것이다. 수치스럽기도 하고 동시에 어이도 없으며 자녀를 기다리며 지내온 지난날들의 모든 헛수고에 순간적인 분노도 느꼈을 것이다. 그리고 이미 심적으로 멀어진 남편과 어떻게 깊은 은밀함으로 되돌아가야 할는지, 당황스러웠을 것이다.

우리는 지금까지 사라의 아픔에 대해 살펴보았다. 수천 년 전에 기록된, 잉태하지 못하는 한 여인에 대한 기록이지만, 오늘날 우리의 상처와도 매우 흡사한 점들이 많은 것 같다. 혹시 거듭되는 실패와 패배로 인해 사회적으로 위축되어 있지는 않은가? 내놓을 만한 것이 없기에 부끄러워 숨어 있지는 않은가? 너무나 빠른 세월의 흐름 속에서 어느덧 녹아내리고 있는 육체를 안고 초조해하고 있지는 않은가? 과거의 모습을 떠올리며 현재의 모습을 미워하고 있지는 않은가? 혹은 아무런 낙이 없는 인생으로 인해 기대도, 소망도, 순수함도 잃어버린 지 이미 오래 되어버린 것은 아닌가?

주님의 은혜

이런 아픔이 있는 곳에 주님의 은혜가 크다. 주님이 약속하신 대로 약 1년 후에 사라는 이삭을 낳게 된다. 이 장면이 펼쳐지는 창세기 21장 1절에는 다음과 같이 기록되어 있다.

"여호와께서 말씀하신 대로 사라를 돌보셨고…."

여기서 '돌보셨고'라는 단어는 하나님의 은혜를 가리키는 따뜻한 표현이다. '하나님께서 말씀하신 대로 사라를 은혜로 대하셨고'라고 이해하면 정확하다. 얼마나 아름다운 표현인가!

나는 이 말씀을 읽을 때, 오래전에 방문했던 아이슬란드가 떠올랐다. 내가 그곳에 갔을 때는 매우 추운 2월경이었다. 케플라비크 국제공항을 향해 비행기가 하강할 때, 완전히 얼어붙은 땅이 내 눈에 들어왔다. 세상이 하얀 눈으로 온통 덮여 있었다. 생명체라고는 전혀 찾아볼 수 없었다. 순간, 익숙하지 않은 이 장엄한 광경이 무섭고 섬뜩했다. 잠시 후, 비행기에서 내려 입국 절차를 마치고 숙소로 이동했다. 낯선 환경이라 그런지 그곳의 바람이 더 날카롭고 차갑게 느껴졌다. 처음 가는 숙소에 대한 약간의 불안감도 내 안에 맴돌았다. 부디, 얼어붙은 것 같은 몸을 따뜻하게 녹일 수 있는 곳이기를 간절히 바랐다.

공항에서 약 한 시간 정도 직접 운전하여 드디어 숙소에 도착했다. 시내 중심에서 조금 벗어난 외곽의 작은 아파트였지만, 따뜻하고 안락한 공간이 나를 기다리고 있었다. 마치 나를 환영하듯 온 집안이 환하게 밝혀져 있었다. 추위와 긴장감으로 얼어붙은 나그네의 몸과 마음이 단번에 녹아내리는 것 같았다. 물론 어찌 비교할 수 있겠냐마는 사라가 경험한 주님의 손길이 이와 같지 않았을까? 오랫동안 꽁꽁 얼어붙은 그녀의 지친 몸과 마음을 주님이 은혜로 따뜻하게 어루만져주신 것이다.

나는 이 섬세하고 친절하신 하나님이 너무 좋다. 불쌍한 인생을 민망히 여기시고 기억하시는 주님을 사랑한다.

이제 주님이 어떻게 사라를 돌보셨는지 조금 더 구체적으로 살펴보자. 하나님이 구체적으로 어떤 은혜를 사라에게 베푸셨는지, 세 가지로 나누어 생각해볼 수 있다.

위험에서 지켜주시는 은혜

첫째로, 주님은 사라를 모든 위험에서 지켜주셨다.

사라에게 아들이 약속된 후 얼마 시간이 지나지 않아 아브라함의 가족은 네게브로 내려간다. 그들은 가데스와 술 사이 그랄에 거류하게 되었다. 창세기 12장에서는 기근을 피해 잠시 애굽으로 올라갔다고 말해주지만, 이번에는 어떤 이유로 이주를 하게 되었는지 정확히 말해주지 않는다. 아마도 유목민이었던 그들은 가축들이 먹을 꼴을 찾아 떠나지 않았을까 싶다.

이미 앞에서 살펴보았듯이, 잠시 그랄에 거주하는 동안에도 애굽에서와 비슷한 사건이 발생한다. 그 나라 왕 아비멜렉이 사라를 아내로 삼고자 데리고 간 것이다. 그날 밤, 하나님께서는 아비멜렉의 꿈에서 말씀하신다.

그 밤에 하나님이 아비멜렉에게 현몽하시고 그에게 이르시되 네가 데려간 이 여인으로 말미암아 네가 죽으리니 그는 남편이 있는 여자임이라 창 20:3

결국, 아비멜렉은 두려움에 떨며 사라를 아브라함의 품으로 돌려보낸다.

여기서 한 가지 기억해야 할 것이 있다. 하나님이 아브라함과 사라에게 주셨던 약속을 다시 떠올려보자. 하나님은 "내년 이맘때"

아들을 낳을 것이라고 말씀해주셨다. 그런데 아브라함이 자신의 신변을 보호하기 위해 아비멜렉에게 아내 사라를 순순히 넘겨주었다는 것은, 자기 아내뿐 아니라 하나님의 약속도 저버렸다는 뜻이 된다. 하나님의 계획을 위협하는 실수를 저지른 것이다. 만약, 그날 밤 아비멜렉이 사라와 동침하였다면 "내년 이맘때" 태어날 그 아이의 아버지가 누군지 불확실했을 것이다. 생각만 해도 아찔하다.

그러나 하나님께서 이 사건에 개입하셨다. 상황이 그대로 흘러가도록 내버려두지 않으셨다. 하나님이 우리를 돌보신다고 하는 것은, 가장 가까운 사람조차 우리를 지켜주지 못하는 순간에도 모든 위험에서 우리를 보살펴주신다는 뜻이다. 하나님은 그렇게 사라를 돌보셨다.

찾아와주시는 은혜

둘째로, 주님이 사라를 돌보셨다는 것은 그녀를 찾아와주셨다는 뜻이다.

당시 가부장적인 사회 구조로 인해 여인들은 충분히 소외감을 느낄 수 있었다. 지금까지는 하나님의 거의 모든 계획이 아브라함을 통해 통보되었고 집행되었다. 아브라함이 주인공이었다. 그리고 사라는 그 그림자에 가려져 소외되어갔다. 하지만 이번만은 달랐다. 아브라함을 방문한 손님들이 사라를 찾았다.

> 그들이 아브라함에게 이르되 네 아내 사라가 어디 있느냐 창 18:9

사실, 주님과 아브라함이 나눈 대화도 사라가 듣고 있다는 것을 전제로 진행되지 않았는가? 아들에 대한 소식이 전해졌을 때 사라는 '속으로 웃고' 혼잣말로 반응했다고 성경은 기록하고 있다. 그 혼잣말을 주님은 들으셨다. 그녀에게 관심이 있으셨기 때문이다. 하나님은 그녀가 이 대화에 귀를 기울이고 있음을 잘 알고 계셨다.

어릴 때 생각이 난다. 우리 아버지는 엄격하고 자기관리가 정확하며 표현이 무뚝뚝한 분이시다. 그래서 나는 자상한 아버지들을 보며 부러워했던 적도 있었던 것 같다. 하지만 아버지는 분명히 나를 사랑하고 계셨다. 단지 표현을 잘 못하시는 것뿐이었다. 가끔 아침에 일어나서 거실로 나가다가 아버지와 어머니가 나누시는 대화를 들었던 적이 있다. 아버지는 어머니께 나에 대한 사랑과 염려와 기대를 털어놓으셨다. 평소 아버지의 입술로 내가 직접 듣지 못하는 고백들이다. 그러나 아버지의 본심이셨다. 지금 생각해보면, 아버지는 내가 그 문 뒤에 서 있다는 사실을 알고 계셨던 것 같다. 도중에 대화를 중단하지 않고 말씀을 이어가신 것은 내가 그 말을 들어주었으면 하는 바람이 있으셨기 때문이었다. 자신의 마음이 아들인 내게 전달되기를 원하셨기 때문이다. 아버지의 본심을 확인시켜주기를 원하셨던 것이다.

주님은 그날 문 뒤에 서서 듣고 있는 사라에게 말씀하신 것이다.

주님은 그녀가 속으로 무슨 생각을 하는지, 그리고 혼자 무슨 말을 중얼거리는지에 관심을 기울여주셨다. 그럼에도 주님은 그녀가 밖으로 나오기를 강요하지 않으셨다. 그녀가 안심하고 안전하다고 느끼는 곳에서 좋은 소식을 전달받기를 원하셨던 것이다. 주님은 그렇게 그녀를 돌보셨다.

한 가지 더 주목했으면 하는 부분이 있다. 아들을 낳게 된다는 소식을 접했을 때, 사라는 속으로 웃었다. 이것은 감격과 행복의 미소가 아니라 비웃음을 뜻한다. 주님은 즉각 반응하셨다.

"여호와께서 아브라함에게 이르시되 사라가 왜 웃으며 이르기를 내가 늙었거늘 어떻게 아들을 낳으리요 하느냐"(창 18:13).

이 지적에 사라는 웃지 않았다며 변명한다. 그러나 주님은 반복하여 그녀가 웃었다는 사실을 지적하셨다.

"이르시되 아니라 네가 웃었느니라"(창 18:15).

참 희한한 장면이다. 어찌 보면, 어린아이들이 서로 말싸움하는 것 같은 장면 아닌가? "네가 그렇게 말했잖아?"에 "아냐, 난 그렇게 말한 적 없어"라는 주장으로 서로 다투는 모습을 자주 볼 수 있지 않은가? 너무나 흔하고 한편 유치한 것도 같은 이런 대화를 지극히 높으신 여호와 하나님과 나눴다는 사실이 선뜻 이해가 가지 않을 수 있다.

그날, 주님은 사라에게 한 가지 단어를 의도적으로 깊이 주입시켜주셨다. 우선 그녀가 비웃었다는 사실을 분명히 확인시켜주시며,

당시 자신의 모습을 인식하게 하셨다. 왜냐하면 이제 곧 모든 것이 변하게 될 것이기 때문이다. 그녀의 비관적인 비웃음이 순수한 웃음으로 바뀌게 될 것이었다. 아이를 낳지 못해 무너진 자존감으로 초라했던 그녀는 칭찬의 대상이 될 것이고, 우울했던 자리에서 다시 소망을 품는 기적을 맛보게 될 것이었다. 무의미하게만 보였던 인생에 드디어 생기가 맴도는 것을 경험하게 될 것이었다.

자신이 한때 자조적으로 비웃었다는 사실을 모른다면 언젠가 진심으로 웃을 날이 와도 주님이 이루신 위대한 역사를 인지하지 못하고 무감각할 것이다. 그러나 당시 자신의 모습을 똑똑히 인식했던 사라는 변화의 날 진심으로 감격할 수 있었다. 그래서 그 인생 역전을 기념하여 그 아들의 이름을 '이삭'이라고 하지 않았는가! '이삭'이란 이름은 '웃음소리'란 뜻이다. 즉, 사라가 남은 인생을 살아가며 이삭을 부를 때마다 그녀는 이전의 자신의 모습을 떠올렸을 것이고, 오늘의 삶에 대해 주님께 무한한 감사를 드리게 되었을 것이며, 그리고 속으로 웃으며 혼자 이렇게 말했을 것이다.

'주님, 전 이제 진짜로 웃을 수 있어요. 제 인생에 이렇게 웃을 날이 다시 올 거라 생각 못 했어요.'

치유하시는 은혜

셋째로, 주님이 사라를 돌보셨다고 하는 것은 그녀를 치유하셨다는 것이다. 주님은 사라의 마음을 만지셨다.

주님은 식사 대접을 받으시고 아브라함에게 물으셨다.

"네 아내 사라가 어디 있느냐."

이것은 단순히 물리적인 위치를 물으신 것이 아니다. 주님은 사라의 심적 상태에 대해 질문하신 것이다. 치유에 있어서 가장 우선적인 과정은 바로 상처 난 자신의 모습을 정확하게 파악하는 것이기 때문이다.

성경을 보면, 주님은 이런 질문을 자주 하시는 것 같다. 예를 들어, 죄를 지은 아담에게 주님이 물으셨던 질문도 동일했다.

"여호와 하나님이 아담을 부르시며 그에게 이르시되 네가 어디 있느냐?"(창 3:9)

주님은 아담이 어디에 있는지 이미 알고 계셨다. 그럼에도 이렇게 물으신 것은, 아담이 자신의 위치를 깨달으면 자신이 왜 숨어 있는지를 생각하게 될 것이기 때문이다. 모습은 드러내지 않고 간접적으로 이 대화에 참여한 사라에게 주님은 이렇게 물으신 것이다.

'사라야, 너 왜 숨어 있니? 너 왜 위축되었니? 어떻게 지내니? 네 마음 상태는 어떻니? 네가 많이 힘들었구나.'

주님은 이렇게 사라의 마음을 조금씩 조금씩 어루만져주셨다.

주님이 치유하신 것은 이뿐만이 아니다. 주님은 아브라함의 가정을 회복시키셨다. 부부간의 갈등을 잠잠하게 하셨다. "네 아내 사라"라는 표현은 부부 관계의 현주소에 대한 문제를 제기하신 표현이다. 창세기 4장에 보면 가인이 아벨을 살해한다. 주님은 범죄를 저지른 형에게 그 아우의 거취를 물으셨다.

"여호와께서 가인에게 이르시되 네 아우 아벨이 어디 있느냐 그가 이르되 내가 알지 못하나이다 내가 내 아우를 지키는 자니이까"(창 4:9).

아이러니하게도 가인의 반항적인 의견과는 달리, 사실 가인은 아벨을 지키는 자였어야만 한다. 이것이 형제의 임무이기 때문이다. 주님의 날카로운 질의로 인하여 깨진 관계의 실체가 폭로되었다. 주님이 사라에 대하여 물으신 것도 같은 맥락이다. 주님은 아브라함에게 현실을 보라고 호소하신 것이다.

'네 아내가 지금 심적으로 깊은 웅덩이로 빠져가고 있는데, 너는 알고나 있느냐? 그녀가 행복해서 웃은 적이 마지막으로 언제인지 기억이나 하느냐? 그동안 나그네로 다니면서 누이라 하라고 할 때마다 그것이 상처가 되지 않을 거라고 생각했느냐? 그녀가 위축된 모습에 대하여 염려하며 관심을 기울이기나 했느냐?'

주님은 하늘에서 묶인 것이 풀어지기 전에 땅에서 먼저 풀게 하셨다.

우리의 반응

지금까지 우리는 사라 인생의 아픔과 그 아픈 곳에 부으시는 주님의 은혜를 살펴보았다. 이제 마지막으로 한 가지만 더 생각해보기로 하자. 우리가 살아가는 동안 순간순간 주님이 주시는 위로도 너무나 소중하지만, 우리에게는 인생의 최종적인 축복이 필요하다. 인생 승리를 장식하는 궁극적인 응답을 사모하는 존재이기 때문이다. 그렇다면 우리 삶에서 주님의 뜻이 활짝 피어나기 위해서 우리에게 필요한 것은 무엇일까? 우리에게 요구되는 세 가지 반응이 있다.

주님을 온전히 신뢰하라

첫째, 주님을 온전히 신뢰하는 것이다. 주님은 아브라함과 사라에게 약속하셨다.

"그가 이르시되 내년 이맘때 내가 반드시 네게로 돌아오리니 네 아내 사라에게 아들이 있으리라 하시니 사라가 그 뒤 장막 문에서 들었더라"(창 18:10).

믿음이 없이는 아무도 주님을 기쁘시게 할 수 없다. 신뢰함이 없이는 주님이 우리를 위해 예비하신 선물을 기다릴 수 없다. 주님의 약속은 정하신 때가 있다. 주님만의 방법이 존재한다. 그래서 우리에게 요구되는 것은 주님을 향한 신뢰인 것이다. 주님의 때에, 주님의 방식으로 가장 좋은 것을 주시기까지 기다리는 것이야말로 참된 신뢰의 표증이다.

우리 주님은 반드시 약속을 지키신다. 신실한 분이시기 때문이다. 성경은 주님이 아브라함과 사라에게 약속하신 대로 성취하시는 장면을 이렇게 소개하고 있다.

"여호와께서 말씀하신 대로 사라를 돌보셨고 여호와께서 말씀하신 대로 사라에게 행하셨으므로"(창 21:1).

주님은 말씀하신 대로 행하시는 분이다. 하나님은 이 말씀을 믿는 자에게 하나님 되심을 보이시는 분임을 기억하자.

주님께 순종하라

둘째, 주님께 순종하는 것이다. 아브라함과 사라는 그 약속이 성취된 이후에도 주님의 명령에 순종하였다.

"그 아들 이삭이 난 지 팔 일 만에 그가 하나님이 명령하신 대로 할례를 행하였더라"(창 21:4).

그토록 바라던 소망이 드디어 이루어져 말할 수 없는 행복에 휩싸일 수밖에 없는 상황이었지만, 아브라함은 정확하게 팔 일 만에 하나님이 명령하신 대로 할례를 준행하였다. 정확하게 약속을 이루시는 분께 우리가 마땅히 갖춰야 하는 합당한 예의는, 우리도 정확하게 그분의 명령을 지켜 행하는 것 아니겠는가.

그러나 안타까운 것은 너무나 많은 사람들이 응답이 이루어질 때까지만 신앙의 열심을 낸다는 것이다. 사업이 안정될 때까지 경건하게 사는 사람들이 있다. 질병이 치유될 때까지 주님과 교제하는 사람들이 있다. 결혼이 이루어질 때까지 사역에 열심을 내는 사람들이 있다. 그러나 원하는 것을 얻은 후에는 마음의 중심이 주님께로부터 떠나가는 경우가 종종 있다. 주님이 우리에게 신실하시듯, 이제 우리도 그분께 변함없이 충실하자.

위대한 수수께끼를 소유하라

셋째, 우리는 수수께끼를 소유해야 한다. 이런 표현을 들으면 도대체 무슨 뜻이냐고 물을 것이다. 하나님의 은혜를 경험한 사람들은 풀리지 않는 수수께끼를 가지고 있다.

주님의 손길을 진정으로 맛본 사람들은 불가사의한 체험을 하게 된다. 예를 들어, 우리가 잘 부르는 찬송의 가사를 생각해보자. 이 찬송은 주님의 공로로 구원받은 감격을 이렇게 표현한다.

아 하나님의 은혜로 이 쓸데없는 자
왜 구속하여 주는지 난 알 수 없도다

주님의 사랑은 측량할 수 없다. 주님의 기적은 예상할 수 없다. 주님의 은혜는 이해가 가지 않는다. 주님의 신실하심의 깊이는 상상도 할 수 없다. 주님의 축복은 너무나 다양하다. 주님의 나라는 영원하다. 주님의 능력은 무한하다. 그리고 주님의 생각은 나의 생각과 다르다. 지난날의 눈물이 언제 어떻게 마르게 되었는지 잘 모르는 게 당연하다. 주님의 일하심은 이렇게 잔잔할 때가 많기 때문이다.

당신은 이 위대한 수수께끼를 아는가? 사라는 이 간증을 소유하고 있었다. 기다리던 약속이 드디어 성취되었을 때, 그녀가 뭐라고 했는지 들어보자.

또 이르되 사라가 자식들을 젖 먹이겠다고 누가 아브라함에게 말하였으리요마는 아브라함의 노경에 내가 아들을 낳았도다 하니라

창 21:7

그녀를 바라보는 사람들에게 그녀는 '이상한 징조'(시 71:7)가 된 것이다. 뿐만 아니라 사라 자신도 풀리지 않는 이 거룩한 실마리를 곱씹어가며 남은 인생을 살았으리라.

예수 그리스도, 나의 참된 웃음

주님은 모든 희망이 메말라버린 사라를 돌봐주셨다. 그분의 손길은 너무나 섬세하고, 정확하고, 친절했다. 그래서 그녀는 다시 웃을 수 있었다. 예상도 못 한 선물을 받았기 때문이다.

이 이야기를 보며, 우리는 그녀가 부러워진다. '나도 이렇게 웃을 수 있다면 얼마나 좋을까? 나도 이런 선물을 받을 수만 있다면, 그래서 진짜 행복할 수 있다면 누군가에게 도움을 청하고 싶다'라고 생각하기도 한다.

그러나 부러워만 하지 말고 우리의 기억을 되살려보자. 우리에게는 더 위대하고 영원하고 무한한 기쁨이 있지 않은가? 이사야 선지자는 우리가 소유한 참된 웃음에 대하여 이와 같이 소개한다.

무릇 시온에서 슬퍼하는 자에게 화관을 주어 그 재를 대신하며 기쁨

의 기름으로 그 슬픔을 대신하며 찬송의 옷으로 그 근심을 대신하시고 그들이 의의 나무 곧 여호와께서 심으신 그 영광을 나타낼 자라 일컬음을 받게 하려 하심이라 사 61:3

이 일을 행하신 분은 예수 그리스도시다. 그분은 우리의 참된 웃음이 되어주셨다. 그분은 멸망의 잿더미에 앉아 있는 우리를 아름다운 생명으로 덧입혀주신 하나님의 아들이시다. 예수를 만나기 전, 우리에게 무슨 소망이 있었는가? 날로 쇠하여가는 육신과 이전과 같지 않은 건강과 부서져가는 자존감과 손으로 잡을 수 없는 세월의 흐름 속에서 우리는 진정 행복했던가? 영혼 깊은 곳에서부터 "진짜 행복하다"라고 외쳤던 적이 있었던가?

하지만 예수 그리스도께서는 이 모든 것을 바꿔주셨다. 살아갈 이유를 회복해주셨다. 고난을 유익으로 여기며 즐거워할 수 있는 능력을 선물해주셨다. 찬송의 옷으로 근심을 대신하게 하셨다고 하지 않았는가? 잿더미 속에서도 웃을 수 있는 이유를 주신 것이다.

나는 어느 날 갑자기 찾아온 건강 문제로 인하여 많이 힘들었다. 육체적으로도 많이 힘들었지만 정신적으로 더 힘들었던 것 같다. 해왔던 모든 운동을 중단하고 생활 패턴을 바꿔야 했으며, 많은 시간을 누워서 지내야 했다. 많이 우울해질 때도 있었다. 내일에 대한 그림이 꿈꿔지지 않았다. 잠이 오지 않는 밤엔, 그 시간이 너무나 길게 느껴졌다.

하지만 나는 이 과정을 통해서 나의 참된 기쁨을 가려내기 시작했다. 마치 쓸모없는 것들을 체로 걸러내듯이 지금껏 나에게 웃음을 가져다준 것들을 분석해보기 시작했다. 그 가운데는 썩어서 없어질 것들이 너무나 많았음을 깨달았다. 어차피 영원하지 않은 것들은 언젠가 끝이 오게 되어 있다. 그것에 대한 미련을 하루라도 빨리 정리하기로 했다. 그리고 나의 참된 기쁨이 되시는 예수 그리스도를 힘차게 끌어안았다.

이제 우리 모두 흔들리지 않는 기쁨을 소유하자! 히브리서 기자는 이렇게 말한다.

> 그러므로 우리가 흔들리지 않는 나라를 받았은즉 은혜를 받자
> 히 12:28

더 나아가서 사도 바울은 다음과 같이 고백한다.

> 누가 우리를 그리스도의 사랑에서 끊으리요 환난이나 곤고나 박해나 기근이나 적신이나 위험이나 칼이랴 … 내가 확신하노니 사망이나 생명이나 천사들이나 권세자들이나 현재 일이나 장래 일이나 능력이나 높음이나 깊음이나 다른 어떤 피조물이라도 우리를 우리 주 그리스도 예수 안에 있는 하나님의 사랑에서 끊을 수 없으리라
> 롬 8:35,38,39

우리 모두 이 참된 웃음을 하루빨리 되찾기를 간절히 바란다.

◇◇◇

여기에 생명샘 솟아나네, 눈물을 지나갈 때에
언젠가 열매는 맺힐 것이고, 웃음소리가 넘쳐나리라

눈을 들라 하늘은 열리고 우린 보게 되리라
언젠가 꽃은 피어나고 영광의 주가 오시리라

꽃들도 구름도 바람도 저 큰 바다도
연주하라 연주하라 예수를
하늘에 울려퍼져라, 노래하라 나의 영혼아
그 은혜를 그 은혜를 그 은혜를

花も(꽃들도), 우치코시 츠요시, 직역

창세기 22장 1-14절

1 그 일 후에 하나님이 아브라함을 시험하시려고 그를 부르시되 아브라함아 하시니 그가 이르되 내가 여기 있나이다 2 여호와께서 이르시되 네 아들 네 사랑하는 독자 이삭을 데리고 모리아 땅으로 가서 내가 네게 일러준 한 산 거기서 그를 번제로 드리라 3 아브라함이 아침에 일찍이 일어나 나귀에 안장을 지우고 두 종과 그의 아들 이삭을 데리고 번제에 쓸 나무를 쪼개어 가지고 떠나 하나님이 자기에게 일러주신 곳으로 가더니 … 7 이삭이 그 아버지 아브라함에게 말하여 이르되 내 아버지여 하니 그가 이르되 내 아들아 내가 여기 있노라 이삭이 이르되 불과 나무는 있거니와 번제할 어린 양은 어디 있나이까 8 아브라함이 이르되 내 아들아 번제할 어린 양은 하나님이 자기를 위하여 친히 준비하시리라 하고 두 사람이 함께 나아가서 9 하나님이 그에게 일러주신 곳에 이른지라 이에 아브라함이 그곳에 제단을 쌓고 나무를 벌여놓고 그의 아들 이삭을 결박하여 제단 나무 위에 놓고 10 손을 내밀어 칼을 잡고 그 아들을 잡으려 하니 11 여호와의 사자가 하늘에서부터 그를 불러 이르시되 아브라함아 아브라함아 하시는지라 아브라함이 이르되 내가 여기 있나이다 하매 12 사자가 이르시되 그 아이에게 네 손을 대지 말라 그에게 아무 일도 하지 말라 네가 네 아들 네 독자까지도 내게 아끼지 아니하였으니 내가 이제야 네가 하나님을 경외하는 줄을 아노라 13 아브라함이 눈을 들어 살펴본즉 한 숫양이 뒤에 있는데 뿔이 수풀에 걸려 있는지라 아브라함이 가서 그 숫양을 가져다가 아들을 대신하여 번제로 드렸더라 14 아브라함이 그 땅 이름을 여호와 이레라 하였으므로 오늘날까지 사람들이 이르기를 여호와의 산에서 준비되리라 하더라

7
CHAPTER

예배자

믿음의 검증

본향으로 향하는 순례자의 발걸음은 예배자의 삶이어야 한다. 멸망하는 세상에서 탈출하는 것만큼이나, 영원한 나라에 어울리는 시민으로 준비되는 것이 매우 중요하다. 주님은 이스라엘 민족을 애굽으로부터 구출해내셨다. 그리고 그들이 약속의 땅을 향하는 40년의 여정을 통해 그들에게 예배자의 삶을 가르치셨다는 사실을 절대 잊어서는 안 될 것이다.

아브라함 역시 예배자로 준비되어야만 했다. 그리고 그의 실체가 확인되는 과정을 반드시 통과해야 했다. 순종의 제사로 그의 고백의 진정성이 검증되어야 했던 것이다. 죽은 믿음이 아니라 살아 있는 믿음의 실질성이 증명되어야 했다.

성경은 이 장면을 다음과 같이 기록하고 있다.

> 이르시되 여호와께서 이르시기를 내가 나를 가리켜 맹세하노니 네가 이같이 행하여 네 아들 네 독자도 아끼지 아니하였은즉 내가 네게 큰 복을 주고 네 씨가 크게 번성하여 하늘의 별과 같고 바닷가의 모래와 같게 하리니 네 씨가 그 대적의 성문을 차지하리라 또 네 씨로 말미암아 천하 만민이 복을 받으리니 이는 네가 나의 말을 준행하였음이니라 하셨다 하니라 창 22:16-18

하나님께서는 그의 행위와 순종에 관심을 가지고 계셨음을 알 수 있다. 그가 어떻게 행하는지를 주목하여 보셨고, 그가 주의 말씀을 준행하는지를 지켜보셨다. 그리고 주님은 아브라함을 인정하셨다.

> 사자가 이르시되 그 아이에게 네 손을 대지 말라 그에게 아무 일도 하지 말라 네가 네 아들 네 독자까지도 내게 아끼지 아니하였으니 내가 이제야 네가 하나님을 경외하는 줄을 아노라 창 22:12

여기서 '아노라'라는 표현은 '확인되었다'라는 뜻이다. 즉, '네 고백이 말만이 아님이 확증되었다. 네 믿음이 이론에 불과한 것이 아님이 증명되었다. 네 예배가 형식뿐만이 아님이 입증되었다'라는 뜻이다.

지금 우리는 주님이 찾으시는 모습이 급격히 사라져가는 시대에 살고 있다. 신앙의 비본질이 본질을 밀어내고 뻔뻔하게 버티고 있다. 참 성도의 됨됨이를 평가하는 기준이 상당 부분 퇴색되어버린 세상이 되고 말았다. 죄와 싸워서 이기라고 도전하기보다 열심히 교회에서 봉사하는 것으로 위안을 얻는 신앙생활이 바로 그러한 예라고 할 수 있다. 말씀에 순종하는 것을 기준 삼기보다 한 장의 수료증으로 자신이 예수님의 제자라고 착각하게 도와주는 잘못을 저지르고 있다.

이제, 주님의 음성을 똑바로 듣기 원한다. 성경은 분명 "순종이 제사보다 낫고 듣는 것이 숫양의 기름보다"(삼상 15:22) 낫다고 하지 않았는가! 또한 요한복음 14장 21절에서 주님은 이렇게 말씀하셨다.

"나의 계명을 지키는 자라야 나를 사랑하는 자니 나를 사랑하는 자는 내 아버지께 사랑을 받을 것이요 나도 그를 사랑하여 그에게 나를 나타내리라."

아브라함은 자신의 영적 정체를 순종을 통해 확증하고, 증명하고, 입증했다. 다른 방법은 존재하지 않기 때문이다. 그 어떠한 입술의 고백도, 믿음의 예식도, 예배의 형식도 한 번의 순종에 절대 미치지 못한다.

그럼, 아브라함이 순종의 제사로 그 인생의 최상의 예배를 드리는 장면을 함께 살펴보자.

순종으로 쌓은 제단

예배는 형식이기 전에 마음의 자세이고, 형태이기 전에 말씀에 대한 순종이다. 이것을 이해하지 못하는 것은 예배자의 기본 상식이 없는 것이라고밖에 말할 수 없다.

때로 특별한 기획과 무대장치와 프로그램과 혹은 감성을 자극하는 특수효과로 아름다운 예배가 가능하다고 생각하는 교만하고 악한 사람들이 있다. 언제 하나님께서 우리에게 그 많은 것들이 필요하다고 요구하셨는가!

반드시 기억하길 바란다. 예배는 삶에서 출발한다. 삶의 연장선에서 공적 예배가 드려지는 것뿐이다. 즉, 삶에서 이뤄지는 순종 없이 공적 예배만 드리는 것은 아무 소용없는 시간 낭비라고 말하고 싶다.

아브라함이 쌓아올린 제단도 순종 위에 세워졌다. 그는 예배자였고, 그의 삶은 예배였다. 그가 디딘 한 걸음 한 걸음은 순종의 반복이었다. 그는 믿음의 첫걸음부터 순종으로 시작하였다.

그는 나이 70에 하늘의 도성을 향하여 이 땅의 고향을 떠나기로 위대한 결심을 하였다. 그렇게 시작된 여정이 어느덧 60년이란 세월이 흘렀으며, 이제 그의 인생은 저물어가고 있었다. 순례자로 걸어오는 길목 길목에서 그는 참 많은 이별을 감당했고, 때로는 실수도 했으며, 전쟁에 참전하기도 했고, 하나님이 베푸신 여러 가지 기적도 경험했다. 어떻게 보면 아쉬울 것이 없는 인생이다. 그는 풍성한 삶을 살았다. 이제 남은 것이 한 가지 있다면 사랑하는 아들을 장가보내는 것이다.

그런 아브라함의 인생에 갑자기 주님이 노크하시는 소리가 들려왔다.

네 사랑하는 독자 이삭을… 번제로 드리라 창 22:2

그의 안정된 삶을 순식간에 뿌리째 뽑아버리는 음성이 아니었을까. 다 이루었다고 안심하고 있는 인생을 뒤흔들어 깨우는 경적이 울린 것이다. 특히 이 말씀에 보면 "하나님이 아브라함을 시험하시려고…"라고 기록되어 있다. 이것은 달리 표현하면 '아브라함의 믿음을 최종적으로 확증하고 입증하기 위하여'라는 뜻이다. 더 정확히 말하자면 '한평생에 걸친 훈련과 연단에 드디어 꽃을 피우기 위하여'라는 뜻이다.

사실 이런 과정은 필수적이지 않았나 싶다. 지금까지 드려진 수많은 헌신과 제물과 순종에 불순한 동기가 존재할 가능성도 충분히 존재하고 있었기 때문이다. 예를 들어, 그가 하나님을 사랑하기 때문이라기보다는 자신의 인생을 향한 허무함에 반응하여 갈대아 우르를 떠난 것이라면 어떨까? 또한 하나님을 신뢰해서라기보다 할 수 없는 상황이기에 마지못해 조카 롯과 이별할 수밖에 없었던 것이라면? 무엇보다도 아들을 얻기 원하는 간절한 바람으로 주님께 충성해온 것일 수도 있다.

그러나 이번에 주님이 요구하시는 순종만큼은 아브라함의 가장 깊은 중심을 찔렀으며, 가장 정확하게 그의 동기를 확인하시는 하나님의 손길이었다. 하나님께서 왜 이렇게까지 하셨는가? 그 이유는 아브라함이 온전한 예배자로 완성되기 위함이다. 그래서 이 사건을 최종적으로 정의하시는 하나님의 한마디가 다음과 같지 않았는가!

"내가 이제야 네가 하나님을 경외하는 줄을 아노라"(창 22:12).

즉, '너의 예배가 진실된 것과 너의 헌신이 순수한 것과 너의 믿음에 생명이 있다는 사실이 이제 확인되었다'라는 뜻이다.

순종의 예배를 찾으시는 하나님

주님은 우리의 일생을 통하여 우리를 온전한 예배자로 만들어내기를 원하신다. 우리를 하나님을 경외하는 자로 빚어내시는 것이 우리를 향한 주님의 간절한 소원이라고 할 수 있다. 이것을 위하여 주님은 우리를 훈련하시고, 연단하시고, 끊임없이 이끌어가신다.

예배는 어떤 특별한 영적 경험을 하는 것이 아니다. 또한 내가 은혜받는 것이 예배의 주목적도 아니다. 예배는 순종에서 시작된다. 순종할 때에 하나님의 방식으로 예배가 이루어진다. 하나님의 방식으로 드려진 예배에 한해서 주님의 임재가 나타난다. 그리고 그 임재 가운데서 우리는 비로소 하나님의 은혜를 경험하게 된다.

주님은 우리에게 순종의 제사를 찾고 계신다. 이것을 우리에게 가르치기 위하여 때로는 채찍도 동원하신다. 이렇게까지 하셔야 하는 이유는, 우리가 순종을 배워야만 주님과 우리 사이에 온전한 관계가 형성될 수 있기 때문이다. 다른 방법은 존재하지 않는다. 온전한 관계 속에서만 우리는 하나님의 참된 좋으심을 맛볼 수 있다. 그리고 주님의 참된 좋으심을 맛본 사람만이 세상을 넉넉히 감당할 수 있게 되는 것이다.

그렇다면 주님이 우리에게 그토록 간절히 바라시는 순종의 제사의 몇 가지 원리를 살펴보자. 모리아산 정상에서 아브라함과 이삭이 드린 순종의 제단 앞으로 함께 나아가보자.

가장 소중한 것을 드리라

첫째, 주님은 내가 가장 소중하게 여기는 것에 대해 내가 순종하는지 가장 관심 있게 지켜보신다. 가장 소중한 것을 드리는 것, 이것이 순종의 예배의 첫 번째 원리다.

하나님은 나의 실체가 수면 위로 올라와 참된 정체가 드러나게 하는 일에 있어서 나의 편리나 편의나 감정을 배려하는 분이 아니시다. 이것은 나를 사랑하시기 때문이다. 내가 온전한 자리에 서 있지 않다면 한시라도 빨리 나를 수술하셔야만 하기 때문이다. 최악의 경우, 내 육신은 죽어도 내 영혼은 살려야 하지 않겠는가!

따라서 내 영혼을 천하보다 소중하게 여기시는 하나님은 날카로운 비수를 아끼지 않으신다. 대개 주님이 만지시는 영역은 나에게 가장 큰 아픔을 일으키는 곳이라 할 수 있다. 내가 가장 소중하게 여기는 것을 요구하시기 때문이다. 아브라함의 경우에는 이삭이었다.

> 여호와께서 이르시되 네 아들 네 사랑하는 독자 이삭을 데리고 모리아 땅으로 가서 내가 네게 일러준 한 산 거기서 그를 번제로 드리라
> 창 22:2

이것에 대해 찰스 스펄전 목사는 이런 설교를 한 적이 있다. 하나님과 아브라함의 대화는 본질적으로 이런 내용이었다는 것이다.
하나님이 아브라함에게 말씀하셨다.
"아브라함아, 네 아들을 번제로 드려라."
아브라함이 대답했다.
"주여, 저에겐 아들이 두 명입니다."
아브라함의 아들은 이스마엘과 이삭이었다. 하나님이 다시 말씀하셨다.
"너의 독자를 드리라."
아브라함이 또 반응한다.
"그러니까, 저에게는 아들이 두 명이라니까요."
못 알아듣는 아브라함에게 주님은 더 정확하게 알려주셨다.

"너의 사랑하는 아들 말이다."

그렇다. '독자'를 드리라고 하는 것은 가장 사랑하는 것을 내놓으라는 뜻이다. 없으면 내 인생이 흔들려 무너지게 되는 그것을 주님께 드릴 수 있겠는가? 두 번은 오지 않을 기회를 주님을 위하여 포기할 수 있겠는가? 이 질문의 대답이 예배의 시작이다.

즉각적으로 순종하라

둘째, 주님은 즉각적인 순종을 원하신다. 이것이 참된 예배의 두 번째 원리다.

순종은 뜸 들이고 시간을 끌며 느리게 반응하는 것이 아니다. 납득한 후에야 행동하는 것이 아니기 때문이다. 납득하고 행동하는 것은 동의하는 것에서 말미암는다. 그러나 즉각적인 순종은 '신뢰'에서 흘러나온다. 아브라함은 주님의 명령이 떨어지자마자 반응하였다.

> 아브라함이 아침에 일찍이 일어나 나귀에 안장을 지우고 두 종과 그의 아들 이삭을 데리고 번제에 쓸 나무를 쪼개어 가지고 떠나 하나님이 자기에게 일러주신 곳으로 가더니 창 22:3

그는 오후까지도 기다리지 않았다. 하루를 더 망설이지 않았다. 그는 즉각 순종하였다. 즉각적으로 순종하지 않으면 시간이 지날

수록 순전한 순종을 드리기가 점점 더 어려워진다. 시간이 흐를수록 주님의 명령이 우리 안에서 그 정확도가 퇴색되며, 중요성이 희석되기 시작하기 때문이다.

마칠 때까지 순종하라

셋째, 순종은 절대로 돌아서지 않고 다 이룰 때까지 집행하는 것 (see through)이다.

아브라함은 아들을 바치기 위해 3일 길을 걸었다.

> 제삼 일에 아브라함이 눈을 들어 그곳을 멀리 바라본지라 창 22:4

이 짧지 않은 심란한 여정 동안 그는 충분히 돌아설 수 있었을 것이다. 얼마나 많은 생각과 근심과 불안이 그 심령을 밤낮 습격해 왔을지 상상할 수도 없다. 그러나, 그는 완주했다. 그리고 그 언덕에 도달하여, 손에 칼을 들고 아들을 향하여 내리칠 때까지 그는 주의 명령을 집행했다. 이것이 합당한 순종의 기준이다!

지금 우리는 어디까지 순종했는가? 시작은 누구나 할 수 있다. 그러나 주님이 기다리시는 순종은 끝을 보는 순종이다!

정확하게 순종하라

넷째, 순종은 정확도가 중요하다.

주님은 이삭을 바치는 정확한 위치를 단계적으로 계시해주셨다는 사실을 기억하라. 일차적으로 하나님은 아브라함에게 모리아 땅으로 가라고 하셨다. 그리고 그곳에 있는 여러 산 중에 하나를 지정하시겠다고 말씀해주셨다.

> 여호와께서 이르시되 네 아들 네 사랑하는 독자 이삭을 데리고 모리아 땅으로 가서 내가 네게 일러준 한 산 거기서 그를 번제로 드리라 창 22:2

제사 그 자체가 중요하다고, 장소는 어디든지 상관없는 것이 절대 아니다. 정해주신 곳으로 가는 것이 순종이고, 순종이 곧 예배다! 아브라함은 하나님이 말씀하신 산으로 나아갔다.

> 제삼 일에 아브라함이 눈을 들어 그곳을 멀리 바라본지라 창 22:4

여기서 성경은 아브라함이 '그곳을 멀리서' 바라보았다고 한다. 주님이 지정해주신 장소다. 더 나아가서, 주님은 이삭을 그냥 죽이라고 말씀하지 않으셨다. 분명히 번제로 드리라고 명령하셨다. 번제를 드리기 위해서는 거기에 요구되는 준비물들이 있다. 그것을 아브라함은 집에서 출발하며 가지고 간 것이다. 그는 땔나무와 칼을 준비하였고, 당일 아침에는 손에 횃불을 들고 사랑하는 아들과 함께 여호와의 산을 오르기 시작했다.

> 아브라함이 이에 번제 나무를 가져다가 그의 아들 이삭에게 지우고 자기는 불과 칼을 손에 들고 두 사람이 동행하더니 창 22:6

순종을 반복하여 연습하라

다섯째, 순종의 예배는 반복하여 연습되어야만 하는 것이다.

아브라함은 지금까지 끊임없이 여러 제단을 쌓아왔다. 우리가 아는 것만 해도 이미 최소 네 개의 제단이 있다. 그는 세겜과 벧엘과 헤브론과 그리고 브엘세바에서 제단을 쌓아올렸다. 비록, 모리아의 제단이 가장 큰 통증을 동반하는 현장이었지만, 적어도 그는 제단을 쌓는 것에는 익숙했다는 사실을 기억하기 원한다. 이렇게 거듭되는 현장 실습이 없이는 절대 결정적인 순간에 생명을 향하여, 특히 사랑하는 독자를 향하여 칼로 내리치지 못하는 법이다. 경험이 쌓여 능숙하지 않으면 어찌 떨리는 손을 진정시켜가며 뜨거운 피가 터져나오는 제물을 각을 떠 제대로 번제를 드리겠는가?

그렇다! 예배는 훈련이다. 순종은 연습이다. 희생은 어릴 때부터 심어주어야 하는 능력이다. 하나님을 향한 경외심은 어른이 되어 성숙해진 다음에 어느 날 갑자기 자연스럽게 형성되는 것이 아니다. 연소할 때부터 훈계하고 훈련하여야 맺을 수 있는 열매이다.

순종은 신뢰의 결실이다

여섯째, 순종은 우리 안에 있는 신뢰가 표면적으로 맺어가는 결실이라고 할 수 있다. 반대로 말하자면, 순종이라는 결과로 우리의 신앙, 즉 우리 안의 하나님을 향한 신뢰가 평가받는다는 뜻이다. 순종이라는 참된 결실을 맺지 못한다면, 우리 믿음은 죽은 나무에 지나지 않을 것이다.

그렇다면 아브라함은 무엇을 신뢰하였기에 순종할 수 있었는가?

> 이에 아브라함이 종들에게 이르되 너희는 나귀와 함께 여기서 기다리라 내가 아이와 함께 저기 가서 예배하고 우리가 너희에게로 돌아오리라 하고 창 22:5

너무나 의미심장한 장면이다. 아브라함은 종들에게 분명히 일러주었다.

"우리가 너희에게로 돌아오리라."

당시, 아브라함이 부활에 대해 어디까지 정확한 그림을 소유하고 있었는지는 불확실하다. 그러나 한 가지만은 분명하게 믿고 있었던 것 같다. 그는 죽은 자도 살리실 수 있는 하나님께 신뢰를 걸고 있었다. 무엇이든 거두어 가신 후에 더 좋은 것으로 보상하시는 하나님에 대해 이미 많은 경험을 통해 잘 알고 있었기에, 무언가를 취하시면 그 빈자리를 새롭게 채우시는 하나님에 대해서는 의심의 여지가 없었던 것이다.

그래서 히브리서 기자는 이 장면을 다음과 같이 칭찬하고 있다.

> 아브라함은 시험을 받을 때에 믿음으로 이삭을 드렸으니 그는 약속들을 받은 자로되 그 외아들을 드렸느니라 그에게 이미 말씀하시기를 네 자손이라 칭할 자는 이삭으로 말미암으리라 하셨으니 그가 하나님이 능히 이삭을 죽은 자 가운데서 다시 살리실 줄로 생각한지라 비유컨대 그를 죽은 자 가운데서 도로 받은 것이니라 히 11:17-19

아브라함이 신뢰하고 있었던 것이 또 한 가지 있었던 것 같다. 아브라함은 이삭과의 대화에서 다음과 같이 고백한다.

> 이삭이 그 아버지 아브라함에게 말하여 이르되 내 아버지여 하니 그가 이르되 내 아들아 내가 여기 있노라 이삭이 이르되 불과 나무는 있거니와 번제할 어린 양은 어디 있나이까 아브라함이 이르되 내 아들아 번제할 어린 양은 하나님이 자기를 위하여 친히 준비하시리라 하고 두 사람이 함께 나아가서 창 22:7,8

그는 하나님께서 구속사를 진행하실 것이란 사실을 알고 있었다. 죄 사함을 위한 어린 양을 준비하시는 분은 하나님이라는 신학을 소유하고 있었던 것이다. 사실 그 일에 자신의 아들이 쓰임 받을 것 같으면, 기꺼이 그 자녀를 주님께 바치는 것이 마땅하지 않겠는가! 하지만 그 아들이 하나님의 어린 양의 역할을 하지 못한다면, 주님은 더 나은 피를 준비하실 것이라는 사실을 확실히 믿고 있었던 것이다.

사랑으로 완성하라

일곱째, 마지막으로 참된 순종의 제사는 사랑으로 완성된다.

그날, 모리아산에서 드려진 제사는 아브라함만의 작품이 아니다. 아브라함과 이삭의 공동 작품이라고 할 수 있다. 아브라함이 하늘에 계신 아버지를 신뢰하듯이 이삭은 자신의 육신의 아버지를 신뢰하고 있었다. 아브라함이 하나님께 순종하는 사이에 이삭은 아브라함에게 순종하고 있었던 것이다.

당시 이삭의 정확한 나이는 확실하지 않다. 어떤 신학자는 12세 정도였을 것이라고 추정하고, 어떤 이들은 25세, 또 어떤 이들은 33세였을 것이라고 추정한다. 심지어 3세 정도에 불과했을 것이라고 억지를 부리는 사람도 있다. 정확한 나이를 알 길은 없지만, 한 가지 확실한 것은 나귀가 운반했던 땔나무를 자신이 대신 짊어지고 산을 오를 수 있을 정도의 나이였던 것만은 분명하다. 그렇다면 아버지가 자신을 결박하고자 할 때 충분히 뿌리치고 도망갈 수 있었을 것이다. 그러나 그 칼이 자신을 향해 내리꽂히려 하는 마지막 순간까지도 그는 잠잠하였다.

> 하나님이 그에게 일러주신 곳에 이른지라 이에 아브라함이 그곳에 제단을 쌓고 나무를 벌여놓고 그의 아들 이삭을 결박하여 제단 나무 위에 놓고 손을 내밀어 칼을 잡고 그 아들을 잡으려 하니 창 22:9,10

이삭이 대항하고 반항하는 모습은 어디에서도 찾아볼 수 없다. 그는 아버지를 철저히 신뢰하고 있었다. 그리고 아버지의 손에 자신을 완전히 맡긴 것이다. 이 얼마나 아름다운 광경인가! 이 얼마나 영광스러운 예배인가!

그들이 산에 오르는 과정을 보면, 평소에 이삭이 아버지를 어떻게 대했는지 한눈에 알 수 있다.

> 이삭이 그 아버지 아브라함에게 말하여 이르되 내 아버지여 하니 그가 이르되 내 아들아 내가 여기 있노라 창 22:7

"내 아버지여…." 아버지를 우러러보고 사랑하는 이삭의 목소리가 느껴지지 않는가? 그는 아버지에게 정답게 속삭이는 것에 매우 익숙했던 것 같다.

또 그들이 동행하는 장면은 어떠한가?

> 아브라함이 이에 번제 나무를 가져다가 그의 아들 이삭에게 지우고 자기는 불과 칼을 손에 들고 두 사람이 동행하더니 창 22:6

이것은 그들이 단순히 함께 이동했다는 뜻이 아니다. "두 사람이 동행하더니"라는 대목을 오래된 영어성경은 이렇게 번역하고 있다.

"… and they went both of them together"(KJV).

이것은 아버지가 그 안에 있었고, 그가 아버지 안에 있었음을 암시하는 표현이다. 그들은 서로 아끼고, 존중하고, 믿어주고, 의지하고, 무엇보다 사랑하고 있었다. 그래서 이 제사가 가능하게 된 것이다.

나는 이 말씀을 보며 이삭에 대하여 감탄했다. 우리는 많은 경우 이 말씀을 아브라함의 입장에서 해석한다. 사랑하는 아들 이삭을 바친 것에 큰 존경심을 나타낸다. 그러나 그날 제단 위에 드려진 아들이 이삭이었기 때문에 이 제사가 가능하게 되었다는 사실을 아는가!

만약 이스마엘이었다면 어땠을까? 분명 이야기가 달라졌을 것이다. 자신을 향해 칼을 든 아버지에게 그가 먼저 공격을 가했어도 이상하지 않을 것이다. 그는 손과 발의 결박을 스스로 풀고 제단에서 내려와 도망쳤을 것이다.

이스마엘은 율법의 상징이다. 율법은 의무 위주의 관계다. 복 받기 위해서든 벌을 면하기 위해서든, 의무감으로 율법을 수행하게 된다는 것이다. 그래서 율법의 경우, 의무가 순종의 원료가 된다. 그리고 의무의 배후에는 상호이익이라는 계산이 숨어 있다. 즉, 의무가 요구하는 최소한의 한계 내에서 행하는 것을 순종의 기준으로 인정한다는 뜻이다. 율법 안에서는 그 이상을 할 필요가 없다.

예를 들어, 세금을 내는 사람이 최소한의 금액만 내려고 하지 최대한의 금액을 지불하려고 하지 않는 것과 마찬가지라고 생각하면 된다. 의무의 틀 안에서 요구된 최소한의 금액만 납부하면 되는 것이기 때문이다.

반대로, 이삭은 은혜의 상징이다. 은혜는 사랑 위주의 관계다. 여기서 목격할 수 있는 아버지와 아들과의 관계라고 할 수 있다. 그들의 관계의 주된 원료는 사랑이었다. 사랑에는 계산이 존재하지 않는다. 사랑은 자신의 이익을 구하지 않는다.

따라서 사랑으로 말미암는 순종은 한계가 존재하지 않는다. 요구된 것 이상으로 헌신한다. 충분히 바쳤는데 더 바쳐도 아깝지 않게 되는 것이다.

이스마엘은 자기가 13세 때 할례를 받음으로 임무를 수행하는 것이 스스로 대단하게 여겨졌겠지만, 이삭은 죽임을 당하는 것까지도 기쁨으로 순종했다. 그가 그럴 수 있었던 것은 아버지를 사랑하고 있었기 때문이다.

참된 예배를 아는가!

예배를 통해 일어나는 기적을 목격해보지 못한 지 얼마나 되었는가? 당신은 지금 예배 가운데 나타나는 초자연적인 역사를 여전히 체험하고 있는가? 지금 내가 말하는 것은 단순히 신비주의적인 체험이 아니다. 예배는 주님의 임재로 들어가는 행위다. 주님과 하나 되는 연합이다. 그렇다면 참된 변화와 회복과 위로와 능력을 경험하는 것은 너무나 필수적이고 회피 불가한 일이며 당연한 현실이라고 할 수 있다.

물론 앞에서 말한 대로 이런 것들이 절대로 우선이 되어서는 안 된다. 예배에 있어서 가장 중요한 것은 주님을 주님의 자리에 모시는 것이다. 그 권위의 말씀에 순종하는 것이다. 그리고 주님이 원하시는 모습으로 그 앞에 겸손히 나아가는 것이다. 이러한 조건이 충족되면, 결과적으로 우리는 주님의 나타나심을 반드시 보게 되어 있다.

이 시대 성도들 안에서 예배를 향한 기대가 사라진 지 너무 오래됐다. 성도들이 진짜로 너무 바빠서 예배에 충실하지 못하다고 생각하는가? 학교, 학원, 대학 입시가 우리 자녀들이 신앙생활에 소홀한 이유라고 문제를 헛짚고 있지는 않은가?

다들 시간과 여유가 없다고 한다. 그러나 가만히 지켜보면 다른 여가 활동들은 여전히 왕성하게 하고 있지 않은가? 바쁘다고 하는 직장인들도 친구들을 만나거나, 데이트를 하거나, 취미활동을 하거나, 문화생활을 즐기는 데는 지장이 없어 보인다. 공부 탓, 입시 탓을 하는 학생들도 그리 다르지 않다. 이들의 문제는 외부의 물리적인 환경에 있는 게 아니다. 이들의 진짜 문제는 예배를 향한 기대가 사라졌다는 데 있다.

환경적으로 아무리 어려워도 하나님의 참된 역사를 맛볼 수 있는 현장이라면 그곳을 찾지 않겠는가? 그 예배에 참여하고자 어떤 대가라도 치르지 않겠는가? 그러나 본인들의 경험에 근거해볼 때, 예배는 부담되는 의무에 지나지 않게 된 것이 비극이다. 그들에게 있어서 공적 예배는 더 이상 살아 계신 하나님을 경험하는 기회가 아니다. 그들이 경험한 수많은 예배는 그들에게 하나님의 참된 위로를 전해주지 못했다. 힘내라고 조금 격려해주는 정도다.

눈물 흘리며 은혜로운 예배를 드렸다는 이들의 얘기를 좀 더 깊이 들어보면, 그들은 찬양과 간증과 감동적인 영상물과 분위기에 자극되어 눈물을 약간 흘리는 정도의 은혜를 받았을 뿐인 경우가 종종 있다.

이런 이야기를 들을 때면 나는 너무 안타깝다. 참된 예배를 통해서 경험할 수 있는 은혜는 이 정도의 차원이 아니기 때문이다. 나는 참된 예배를 통하여 일어나는 무한한 능력을 믿는다.

주일 아침마다 양심의 가책을 조금 덜어내고자 하는 사람들이 모인다. 매주 개회기도 때마다 지난 한 주간 바로 살아오지 못한 것에 대해 용서를 구하는 기도문을 읽어내려가는 것이 부끄럽지 않은가? 물론 이렇게 기도하는 것이 잘못되었다고 말하는 것이 아니다. 문제는 그들은 죄인 된 자리에서 떠나 하나님의 자녀로 살아가기보다, 죄가 용서받은 것 정도에 만족하며 또 한 주를 시작하는 것에 익숙해져버렸다는 것이다. 이제, 그렇게 기도만 하지 말고 죄와 싸워 이겨라!

또한 지금 우리가 드리고 있는 예배가 과연 인생의 목적을 완전히 변화시키고 있는지 묻고 싶다. 다시 말하면, 세상 욕심을 버리고 죽기까지 십자가를 붙들겠노라고 하는 결단이 예배 가운데서 일어나고 있느냐는 질문이다. 혹시 '열심히 살아야겠다' 정도의 동기부여만 일어나고 있는 예배라면, 차라리 자기개발 세미나에 다녀오는 게 낫지 않겠는가!

포스트 코로나 시대의 예배

이번 코로나19 사태로 인하여 교회에 많은 변화가 일어날 것으로 예상된다. 지난 수개월간 성도들은 가정에서 혹은 개인적으로 예배를 드려왔다. 그러면서 유튜브에 올라온 여러 설교 영상들을 접할 기회가 생겼다.

지금까지는 본교회 활동 때문에 다른 교회, 다른 목사님의 설교를 들을 마음의 여유도, 관심도 없던 이들이 교회로 모이지 못하는 상황이 장기화되어가면서 자신이 속해 있는 교회 밖으로 시선을 돌리는 현상이 일어나게 된 것이다.

그러면서 성도들은 서서히 지금까지 자신들의 신앙생활을 냉정하게 검토하기 시작했다. 자신의 영적 상태에 대해서 진지한 진찰을 하게 된 것이다. 그들 가운데는 온라인으로 설교를 들으면서 은혜의 눈물을 흘린 이들도 적지 않다. 처음으로 복음을 접하고 변화된 사람들도 많다.

　문제는 포스트 코로나이다. 엄청난 구조조정의 시대가 바로 눈앞에 와 있다. 아마도 이제까지 다녔던 교회를 떠나는 사람들이 많이 생기리라 예상된다. 지금까지 교회의 다양한 프로그램을 통해 성도들은 스스로 자신이 신앙생활을 잘하고 있다는 환각에 빠져 있는 경우가 많았다. 프로그램에 열심히 참여만 하고 있으면 무언가 변화가 일어나고 있으리라는 착각에 빠지곤 하기 때문이다. 조금 심하게 비유해보자면, 어딘가 열심히 가고 있다고 생각하고 열정적으로 달리고 있지만, 실상은 철창 안에서 쳇바퀴만 돌리고 있는 다람쥐 같은 모습이 아닌가 싶다.

　그러나 이제 이것만으로 충분하지 않은 시대가 열린 것이다. 한번 채워짐을 경험한 사람은 충만히 채워주지 못하는 틀을 벗어나고 싶어 하기 때문이다. 영혼이 살아나는 기적을 체험한 사람은 생명이 없는 예배를 더는 견딜 수 없게 되기 때문이다.

　그렇기에 이제는 어중간한 설교가 더는 통하지 않는 시대가 될 것이다. 성도들의 양심에 도전하고, 그들의 영혼을 흔들어 깨우며, 세상적인 세계관을 파괴하고, 죄를 잔인하게 대적하며, 사생결단한 복음 전파가 아니면 강단에 설 수 없게 될 것이다. 흥미로운 기획과 화려한 음악과 재미있는 오락에 성도들이 더 이상 속지 않기 때문이다.

핍박의 진정한 의미

코로나19로 인하여 사회가 큰 어려움을 겪었다. 온 세계가 거대한 아픔과 상처와 숙제를 떠안게 되었다. 교회 역시 큰 아픔과 어려움을 겪고 있다. 모두가 힘든 이 시기에 특히 세상이 교회를 힘들게 한다고 오해하는 사람들도 많은 것 같다. 하지만 우리는 자기 정당화의 잠에서 깨어나야 한다. 엄중하게 보자면, 세상이 교회를 힘들게 한 것이 아니라 교회가 세상을 힘들게 했다.

코로나19가 한창 기승을 부릴 때, 뉴스를 통해서 교회 내 집단감염에 대한 소식을 접할 때마다 나는 가슴이 아팠다. 하나님의 영광이 가려질 때마다 숨이 막히는 것 같았다. 약 1년의 시간이 흐르는 사이에 교회는 세상의 공공의 적이 되어버리고 말았다. 결과를 놓고 보자면, 교회는 브랜드이미지 관리에 있어서 완패를 거두고 만 것이다.

어떤 이들은 이런 상황 가운데서도 예배를 드리는 것이 주님의 뜻이라고 주장한다. 그러나 이런 상황은 핍박이 아니란 것을 정확하게 분별할 필요가 있다.

핍박은 본질적으로 이런 것과 너무나 다르다. 핍박은 예배를 진행했을 때, 궁극적으로 그 책임이 우리에게 부담된다. 예를 들어, 경고를 무릅쓰고 예배나 모임을 강행했을 때, 그렇게 믿음을 지킨 사람들이 멸시를 받고 감옥에 갇히고 죽임을 당하는 결과가 따르는 것이다.

하지만 지금의 상황은 어떤가? 만약 우리가 공식 예배를 강행하여 코로나19 감염이 확산되었을 때, 교회가 그 책임을 지는 것으로 문제가 수습되지 않는다. 실제로 교회의 집단감염이 사회로 급속히 확산되는 일들이 벌어지지 않았는가? 즉 궁극적으로 교회가 야기한 문제에 대해 최종적인 책임을 세상이 지게 되었다는 뜻이다.

사도 베드로는 핍박의 본질에 대해 이렇게 정리했다.

죄가 있어 매를 맞고 참으면 무슨 칭찬이 있으리요 그러나 선을 행함으로 고난을 받고 참으면 이는 하나님 앞에 아름다우니라 벧전 2:20

내 이웃을 내 몸과 같이 사랑하지 못한 교회가 매를 맞는 것은 당연하다. 세상에 꼭 필요한 소금이 그 맛을 잃으면 지탄을 받게 되는 법이다. 기억하자. 핍박은 우리의 행위가 하나님 앞에서 온전한 경우에만 적용될 수 있는 단어이다.

교회는 세상의 다른 사업장이나 오락, 유흥을 위한 여타 모임 장소와 다르다. 또 달라야 하지 않은가? 그런데 "다른 사업장은 다 문 여는데 왜 교회만 문을 닫아야 하나요?"라든가 "식당도 가고 술집도 가는데 교회에서는 왜 모이지 못하게 하는가?"라고 주장하는 것은, 교회의 가치를 우리 스스로 낮추는 것 아닐까? 이는 마치 동생들에게 가장 모범이 되어야 하는 첫째가 잘못을 해서 부모님께 혼날 때 "왜 나만 혼내세요? 동생들도 똑같이 하잖아요?"라고 하는 것 같은 미성숙한 자세와 다르지 않은 것 같다. 교회가 세상의 사업장과 동일한 대우를 받는 것 정도에 우리는 정말 만족해야 하는가?

교회는 공평과 평균을 지향하는 세상 차원의 단체가 되어서는 안 된다. 교회는 덕을 세우는 것과 위대하신 그분을 전하는 것과 선한 행실로 하늘에 계신 아버지께 영광을 돌리게 하는 것이 그 본분임을 절대 잊어선 안 된다!

또한 교회를 향한 세상의 불공평한 규제 역시 하나님이 교회에 허락하신 틀이다. 이번 코로나19 사태를 겪으며 성경의 이 한 구절이 내 마음에 깊이 묵상되었다.

> 네게 줄로 재어 준 구역은 아름다운 곳에 있음이여 나의 기업이 실로 아름답도다 시 16:6

하나님은 우리 삶에 규제를 허락하시는 분이다. 그분은 우리가 넘어서는 안 되는 경계선을 정하시는 경영자이시며, 무시해서는 안 되는 틀을 세우시는 건축가이시다. 뿐만 아니라 내 주변에 사람을 심으시고, 환경을 조경하시며, 사회를 형성하시는 인사권을 집행하시는 분이 바로 우리 주님이시다.

그렇다면 교회는 국가적 비상 사태에 누구보다 앞장서는 것이 마땅하다. 제도와 규제와 제한을 거스르기보다 그 변화의 흐름에 굴복하는 것이 주님의 뜻이라는 것이다.

예배의 본질을 지키는 것

그렇다면 우리는 예배를 포기해야 하는가? 절대 그렇지 않다. 세상 끝날까지 지켜야 하는 것이 주님을 향한 예배다. 하지만 안타까운 것은 수많은 교회가 예배의 형태를 주장했지, 본질을 가르치지 못했다는 점이다.

나는 약 15년 전에 선교사로서 중국으로 파송 받은 바 있다. 그리고 얼마 지나지 않아 나의 사역은 중동까지 확장되었다. 우리가 이미 잘 알고 있듯이 그 지역들은 기독교에 대한 핍박이 정말 심한 곳이다. 그곳이야말로 자유롭게 예배를 드리기가 쉽지 않다. 그러나 나와 동역자들은 전혀 이것을 문제 삼은 적이 없다. 더 정확하게 말하자면, 예배를 드리는 데 있어서 상황은 절대로 문제가 될 수 없었다. 예배의 형태는 다양할 수 있기 때문이다. 때로는 모두가 한자리에 모여 마음껏 찬양하며 예배할 수 있지만, 또 때로는 두세 사람만 조용히 모여야 하는 날도 있다.

단지 변하지 않는 것이 한 가지 있다. 예배의 본질이다. 주님과 하나 되는 것이다. 주님의 이름을 경배하는 것이다. 주님의 말씀에 순종하는 것이다. 주의 음성을 청종하는 것이다. 주님의 임재 앞에 낮아지는 것이다. 그리고 예배의 대상이신 주님의 가장 깊은 곳에 있는 관심에 귀를 기울이고, 잃어버린 영혼들에 대하여 주님과 함께 고민하는 것이다.

주님은 교회를 땅끝까지 가서 증인이 되라고 부르셨다. 땅끝을 향해 가면 갈수록 잃어버린 양들이 많기 때문이다. 주님의 관심은 그곳에 있다.

> 너희 중에 어떤 사람이 양 백 마리가 있는데 그중의 하나를 잃으면 아흔아홉 마리를 들에 두고 그 잃은 것을 찾아내기까지 찾아다니지 아니하겠느냐 눅 15:4

잃어버린 한 마리 양이 있는 곳의 토양은 핍박이다. 즉, 교회가 땅끝까지 가기 위해서는 핍박을 준비해야 한다는 결론이 나오는 것이다. 주님은 마지막 때에 교회를 그곳으로 보내시기 위해 제도적인 핍박을 동원하신다. 이제 추수할 날이 도래하였기에 땅끝으로 갈 일꾼들이 절실히 필요하기 때문이다.

그 일꾼들은 이제 전혀 다른 예배의 형태 속으로 들어가게 되는 것이다. 그렇다면 주님이 한국 교회의 예배 형태를 그대로 유지하실 리가 없다.

한국 교회가 진정 땅끝 선교에 관심이 있다면, 우리 자신의 모습을 엄밀하고 엄격하게 살펴보아야 한다. 진정 이대로의 모습으로 땅끝에 어울리는 선교사가 될 수 있다고 생각하는가? 핍박의 현장으로 가기에 앞서서 가장 중요한 것은 예배의 본질에 대한 새로운 정의다. 그러나 형태가 무너지기 전에는 본질에는 별로 관심이 없는 것이 현실이다. 이것을 인정하자.

다시 반복하여 강조하고 싶다. 예배의 형태는 무궁무진하다. 미국에 있는 초대형 교회와 중국 가정교회의 예배의 형태는 다를 수밖에 없다. 중요한 것은 예배의 본질이다. 비록 찬양은 속삭이듯 작게 부를 수밖에 없고, 성도는 몇 명 되지 않으며, 장소는 어느 집의 안방이라고 해도 예배의 본질을 소유하고 있다면 주님은 반드시 그 예배를 흠향하신다. 주님은 그 예배의 제단에 강림하신다.

코로나19 사태를 통해 주님은 한국 교회의 예배의 실체를 도전하셨다. 예배는 늘 있었지만, 참된 예배가 과연 있었는지 묻고 계신 것이다.

주님은 땅끝을 향한 구체적인 준비에 돌입하셨다. 잡을 것과 놓아도 되는 것, 받아들여야 하는 것과 끝까지 타협할 수 없는 것, 그리고 취해야 할 것과 버려야 할 것에 대한 정리를 하신 것이다.

예배의 본질보다 형태에 생명 걸고 싸웠던 것이 우리의 진짜 정체였음이 드러나는 뼈아픈 순간이었던 것 같다. 순종보다 예식을 중요하게 여기면서 스스로 주일을 지켰다고 안심하고 있지 않았는가? 주님의 임재를 경험하기보다 탁월한 찬양 연주를 즐기는 것으로 만족해왔다면, 그것은 죄다! 주님의 말씀에 조용히 귀를 기울이는 것으로 많은 시간을 보내기보다 봉사하고, 사역하고, 섬기느라 정작 주님의 음성에는 귀를 기울이지 못한 채 너무 분주했던 것은 아닌지 자신을 돌아보자.

예배를 받으시는 하나님

아브라함의 삶 전체가 예배였다. 그는 예배자로 그 긴 여정을 살아냈다. 그의 예배는 순종으로 시작되어 순종으로 완성되었다. 그렇다면 순종으로 드려진 예배에 하나님께서는 어떻게 반응하셨는가? 순종으로 쌓은 제단 앞에서 우리는 다음과 같은 두 가지를 기대할 수 있다.

첫째로, 주님은 우리의 순종에 반응하셔서 신속히 일하기 시작하신다.

진정한 예배를 드리기까지가 오래 걸리는 것이지, 그 제사가 주님께 상달되는 순간 주님은 신속하게 역사하신다.

> 여호와의 사자가 하늘에서부터 그를 불러 이르시되 아브라함아 아브라함아 하시는지라 아브라함이 이르되 내가 여기 있나이다 하매 사자가 이르시되 그 아이에게 네 손을 대지 말라 그에게 아무 일도 하지 말라 네가 네 아들 네 독자까지도 내게 아끼지 아니하였으니 내가 이제야 네가 하나님을 경외하는 줄을 아노라 창 22:11,12

하나님께서 "아브라함아 아브라함아" 하고 부르시는 장면은 그냥 읽고 넘어갈 수 없는 부분이다. 하나님께서 신속하게 개입하시는 모습이 강조되고 있다. 주님의 급하심이 피부로 느껴진다.

우리가 소중하게 여기는 것을 주님께 드리기로 결단하기까지는 참 많은 훈련과 연단이 요구된다. 그리고 그것을 순종의 칼로 내려치는 순간까지 여러 가지 시행착오가 따를 수 있다. 그러나 주님이 기다리셨던 기준에 합격하는 순간, 주님은 신속히 모든 것을 수습하시고, 진행하시고, 회복시키시는 것을 이 말씀을 통하여 확인할 수 있다. 밤이 끝없이 깊어가는 것 같아도 동이 트기 시작하면 순식간에 온 누리가 환하게 밝아지는 것과 같다.

둘째로, 주님은 우리의 순종에 반응하셔서 예비하심을 목격하게 해주신다.

> 아브라함이 눈을 들어 살펴본즉 한 숫양이 뒤에 있는데 뿔이 수풀에 걸려 있는지라 아브라함이 가서 그 숫양을 가져다가 아들을 대신하여 번제로 드렸더라 창 22:13

아브라함이 그 사랑하는 아들을 향하여 칼을 들어 내리치고자 하는 순간 주님은 신속하게 역사하셨다. 그리고 주님은 그의 눈을 열어주셨다. "아브라함이 눈을 들어 살펴본즉"이라는 표현은 그가 이전에 보지 못했던 현실을 드디어 보기 시작했다는 뜻이다. 아브라함의 제단 곁에는 이미 예비된 숫양 한 마리가 있었던 것이다. 그가 순종하였을 때 비로소 그 양을 목격할 수 있게 되었다.

그렇다! 주님을 경외하는 자들만이 주님이 베푸시고 채우시는 손길을 경험할 수 있는 법이다. 예비됨은 반드시 순종 후에만 보이게 되어 있다. 드리지 않는 자는 절대 주님의 예비하심을 볼 수가 없고, 주님께 운명을 걸지 않는 자는 주님의 신실하심을 알 수가 없으며, 생명 다해 순종하지 않는 자는 참된 자유를 맛볼 수 없다.

제단에 드려진 아들

우리의 순종에 반응하시는 주님은 신속하게 일하시며, 예비된 것을 그 예배자로 하여금 목격하게 해주신다는 사실을 짧게 살펴보았다. 여기서 한 가지 더 추가하자면, 주님은 드려진 제단을 완성하는 분이시라는 것이다. 아무리 훌륭한 예배라고 해도, 그것이 영원하시고 무한하신 분께 온전할 수 있는 한 가지 이유는 주님이 그것을 합당하게 하시기 때문이다.

> 아브라함이 그 땅 이름을 여호와 이레라 하였으므로 오늘날까지 사람들이 이르기를 여호와의 산에서 준비되리라 하더라 창 22:14

이것은 주님이 모든 부족함을 채우셔서 흠모할 만한 제사로 받으신다는 뜻이다. 그날, 모리아산에서 이삭은 죽지 않았다. 단지 주님은 아브라함의 중심을 확인하시고, 그 제사를 받으셨다. 이삭은 주님께 상징적으로 드려지기는 하였어도, 그가 실제로 죽음을 맛보지는 않았다는 뜻이다.

그렇다면 아직 해결되지 않은 한 가지 문제가 있다. 아브라함의 믿음의 진정성은 증명되었을지 몰라도, 실질적인 죄 문제는 어떻게 되었느냐는 질문이다. 모든 장자는 그 가문의 죄를 짊어지는 책임을 감당해야 한다. 이 부분에 대해 조금 더 구체적인 내용이 출애굽기 13장 2절에 기록되어 있다.

> 이스라엘 자손 중에서 사람이나 짐승을 막론하고 태에서 처음 난 모든 것은 다 거룩히 구별하여 내게 돌리라 이는 내 것이니라 하시니라
> 출 13:2

주님의 것으로 돌린다는 것은 제사를 의미한다. 장자를 제사로 바치라는 뜻이다. 그러나 우리 하나님은 실제로 그 자녀를 죽이는 것을 허용하시는 분이 아니시다. 그래서 출애굽기 13장 13절에서 하나님은 그 장자를 대신하는 대속제물을 바칠 것을 요구하고 계신다.

> 나귀의 첫 새끼는 다 어린 양으로 대속할 것이요 그렇게 하지 아니하려면 그 목을 꺾을 것이며 네 아들 중 처음 난 모든 자는 대속할지니라 출 13:13

장자가 드려지는 것은 회피할 수 없는 명령이다. 하지만 장자 대신 동물이 죽임을 당함으로써 임무가 완성되는 것이다. 이것이 "대속할지니라"라는 표현이다.

하나님은 아브라함에게 장자의 피를 요구하셨다. 그러나 이번에도 대속물을 허락하시고, 그 아들의 생명은 취하지 않으셨다. 아브라함의 칼을 멈추게 하셨다. 그리고 그날 그 제단에 대신 올라간 숫양은 모형에 지나지 않는다. 어찌 한 마리의 동물이 언약의 가문을 대속할 수 있겠는가?

그렇다면 누가 그 아들의 죽음을 대신하였는가? 누가 그 제사를 온전하게 하였다는 말인가? 그 답은 먼 훗날 밝혀지게 된다. 많은 시간이 흐른 후, 모리아산에서 죽임을 당한 한 아들이 있다. 그 아들도 아버지를 무척 사랑했고, 아버지께 순종하였다. 그 아들도 나무를 지고 산에 올랐다. 그리고 못으로 결박되고 인류를 구원하는 대속제물로 하나님께 드려지게 되었다.

그날은 그 누구도 말리지 않았다. 세상 죄를 지고 가는 어린양을 향하여 하나님의 공의의 칼은 멈추지 않았으며, 사형은 완전하게 집행되었다. 그는 하나님의 독생자 되신 예수 그리스도이시다.

우리의 예배는 터무니없이 부족하다. 우리의 헌신도, 섬김도, 찬양도 불순하고 부정하다는 현실을 우리 자신이 제일 잘 알고 있으리라 생각한다. 순종을 하기보다 불순종하는 경우가 얼마나 많은가! 그러나 좋은 소식이 있다! 하나님의 어린양께서 대속제물로 우리를 온전케 하셨다는 복음이다!

아름다운 제단이 있다! 하나님의 독생자께서 아버지께 죽기까지 순종하신 십자가다! 영원한 언약이 있다! 예수 그리스도의 피로 덮인 우리는 아버지께 합당한 거룩한 산 제물이라는 사실이다!

그러므로 형제들아 내가 하나님의 모든 자비하심으로 너희를 권하노니 너희 몸을 하나님이 기뻐하시는 거룩한 산 제물로 드리라 이는 너희가 드릴 영적 예배니라 **롬 12:1**

◇◇◇

저 경이로운 십자가를 내가 살펴볼 때,
영광의 왕께서 달려 죽으신 십자가,
나의 가장 소중한 것을 오히려 해로 여기고,
나의 모든 자랑을 수치로 여기겠노라

나의 나 된 모든 것을 그분께 드린다 하여도,
너무나 작은 선물에 지나지 않으리
그 위대하고 거룩한 사랑 앞에
나의 영혼과 나의 생명과 나의 모든 것을 드리리

◇

When I survey the wondrous cross
On which the Prince of glory died,
My richest gain I count but loss,
And pour contempt on all my pride.

Were the whole realm of nature mine,
That were a present far too small;
Love so amazing, so divine,
Demands my soul, my life, my all.

When I Survey the Wondrous Cross(주 달려 죽은 십자가), Isaac Watts

창세기 24장 1-9절

1 아브라함이 나이가 많아 늙었고 여호와께서 그에게 범사에 복을 주셨더라 2 아브라함이 자기 집 모든 소유를 맡은 늙은 종에게 이르되 청하건대 내 허벅지 밑에 네 손을 넣으라 3 내가 너에게 하늘의 하나님, 땅의 하나님이신 여호와를 가리켜 맹세하게 하노니 너는 내가 거주하는 이 지방 가나안 족속의 딸 중에서 내 아들을 위하여 아내를 택하지 말고 4 내 고향 내 족속에게로 가서 내 아들 이삭을 위하여 아내를 택하라 5 종이 이르되 여자가 나를 따라 이 땅으로 오려고 하지 아니하거든 내가 주인의 아들을 주인이 나오신 땅으로 인도하여 돌아가리이까 6 아브라함이 그에게 이르되 내 아들을 그리로 데리고 돌아가지 아니하도록 하라 7 하늘의 하나님 여호와께서 나를 내 아버지의 집과 내 고향 땅에서 떠나게 하시고 내게 말씀하시며 내게 맹세하여 이르시기를 이 땅을 네 씨에게 주리라 하셨으니 그가 그 사자를 너보다 앞서 보내실지라 네가 거기서 내 아들을 위하여 아내를 택할지니라 8 만일 여자가 너를 따라오려고 하지 아니하면 나의 이 맹세가 너와 상관이 없나니 오직 내 아들을 데리고 그리로 가지 말지니라 9 그 종이 이에 그의 주인 아브라함의 허벅지 아래에 손을 넣고 이 일에 대하여 그에게 맹세하였더라

CHAPTER 8
누가 그 축복의 가문에 참여하리?

누가 그 복된 가문에 참여하는가?

아담과 하와의 죄로 인하여 저주 아래 놓인 세상을 구하기 위해, 하나님께서는 아브라함을 선택하시고 새로운 역사를 쓰기로 작정하셨다. 이것이 아브라함과의 언약이다.

> 여호와께서 아브람에게 이르시되 너는 너의 고향과 친척과 아버지의 집을 떠나 내가 네게 보여줄 땅으로 가라 내가 너로 큰 민족을 이루고 네게 복을 주어 네 이름을 창대하게 하리니 너는 복이 될지라 너를 축복하는 자에게는 내가 복을 내리고 너를 저주하는 자에게는 내가 저주하리니 땅의 모든 족속이 너로 말미암아 복을 얻을 것이라 하신지라 창 12:1-3

이 언약의 궁극적인 목적은 열방을 축복하는 것이고, 만민을 구원하는 것이며, 세상을 회복하는 것이다. 그러기 위해서는 하나님을 향한 불신과 불순종으로 쓰인 역사를 되돌려야 했다. 신뢰와 순종의 스토리로 다시 새롭게 써나가야 했던 것이다. 그래서 주님은 믿음으로 의롭다 하심을 얻은 아브라함과 그의 직계를 사용하기로 계획하셨다.

그 언약의 아들 이삭이 약 40세가 되었을 무렵, 그의 짝을 찾기 위한 쉽지 않은 고민이 시작되었다. 외부인이(조금 더 정확히 말하자면 이 경우에는 방계가) 아브라함의 직계가 되어 이삭과 함께 그 혈통의 책임을 짊어지는 역할을 감당해야 했기 때문이다. 언약의 아들과 함께 이러한 위치에 나란히 설 수 있는 여인은 과연 누구일지, 매우 중요했던 것이다.

아브라함이 가장 아끼는 종인 다메섹 사람 엘리에셀에게도 그 혈통적 특권에 참여할 수 있는 권리는 허락되지 않았다. 아브라함의 씨로 탄생한 이스마엘과 그의 어머니 하갈도 그 혈통적 사명에 동참하지 못했다. 심지어 피붙이인 롯의 딸들까지도 허용되지 않았던 아브라함 혈통의 축복이다. 그렇다면 감히 누가, 그 축복의 가문에 합류될 수 있단 말인가!

이것은 우리 모두에게 해당되는 질문이다. 우리는 본래 아브라함의 직계가 아니었다. 그럼에도 불구하고 어떻게 예수 그리스도의 영광스러운 가문에 합류할 수 있는가? 누가 감히 그 축복의 대열에 설 수 있단 말인가? 그 답은 매우 간단하다. 예수 그리스도와 연합하는 것이다. 그분과 혼인하는 것이다.

이러한 연합은 믿음을 통해 이루어진다. 이에 대해 사도 바울은 다음과 같이 정리한다.

> 그런즉 믿음으로 말미암은 자들은 아브라함의 자손인 줄 알지어다 갈 3:7

믿음으로 예수 그리스도와 연합하면, 우리는 아브라함의 자손이 된다. 그리고 그 가문의 모든 언약과 축복과 특권과 책임과 임무가 우리의 것이 되는 것이다. 즉, 아브라함의 후손으로서 그 위대한 유업의 상속자가 되는 것이다.

> 너희가 그리스도의 것이면 곧 아브라함의 자손이요 약속대로 유업을 이을 자니라 갈 3:29

타고난 신분을 바꾸는 방법에는 두 가지가 있다. 첫째는 열심히 노력하여 출세하는 것이다. 그러나 이것에는 한계가 있다. 노력으로 이룰 수 있는 것도 있지만, 절대로 넘을 수 없는 담이 존재하기 때문이다. 예를 들어 왕가에 합류되는 것은 노력으로 이루어지는 것이 아니다. 노력은 사회적 지위와 생활 수준 정도에는 영향을 줄 수 있을지 몰라도, 자신의 가문을 근본적으로 바꾸는 것은 불가능하다.

둘째는 결혼하는 것이다. 내가 어떤 가문의 출신이건, 지금까지 어떤 위치의 삶을 살아왔건 결혼하면 모든 것이 바뀐다. 세상에도 이런 극적인 이야기가 많다. 많은 이들이 신데렐라 이야기를 좋아하지 않는가? 복된 소식이기 때문이다. 이것이 복음의 원리다. 자신의 현실이 아니라 신랑의 공로로 가문이 바뀌는 이야기다.

하나님은 오늘도 그리스도의 참된 신부를 찾고 계신다. 그 아들과 연합할 성도를 기다리고 계신다. 어린양의 혼인 잔치에 등장할 교회를 준비하고 계신다. 그렇다면 주님이 원하시는 신부의 기준은 무엇인가? 그 축복의 가문에 참여하기 위한 세 가지 조건을 살피며, 말씀에 귀를 기울여보자.

No Canaanite(가나안 사람을 택하지 말라)

"가나안 족속의 딸 중에서 내 아들을 위하여 아내를 택하지 말라!"

일반적으로 이삭의 아내 리브가에 대해 살펴볼 때 창세기 24장 10-67절에 기록된 내용을 중심으로 분석한다. 아브라함의 종이 리브가를 만나는 장면에 비중을 두고 있기 때문이다.

리브가가 그 종과 그의 낙타에게 마실 물을 대접하는 모습에 우리는 크게 감탄한다. 그리고 그녀를 칭찬하며, 그녀의 이런 헌신을 교훈 삼고자 한다.

물론 이런 각도에서 사건을 바라보는 것도 필요하다. 하지만 이런 관점에서만 리브가를 단정 지어 이해하면, 너무나 중요한 부분을 놓칠 수 있다. 리브가의 성품이나 아브라함의 종이 그 여인에 대해 어떻게 평가했는지보다 더 중요한 것이 있기 때문이다. 바로 아브라함이 며느리를 선택하는 기준이다.

애당초 아브라함의 종은 그 주인이 부탁한 내용을 토대로 어떠한 여인을 찾아야 하는지 구체적인 여인상을 소유하게 되었다. 그리고 그녀가 하나님이 맺어주시는 짝이라는 사실을 최종적으로 확인하는 과정에서도 그 종은 아브라함이 내세운 조건을 기준으로 분별하였다.

아브라함이 내세운 첫 번째 기준은 'No Canaanites!'(가나안 족속의 사람이 아닐 것)이었다. "가나안 족속의 딸 중에서 내 아들을 위하여 아내를 선택하지 말라!"라는 요구는 타협이 불가한 조건이었다.

영적 뿌리가 같아야 한다

이방 여자를 아들의 아내로 삼는 것을 금지하는 법은 모세 시대에 제정되었다.

…네가 그들의 딸들을 네 아들들의 아내로 삼음으로 그들의 딸들이 그들의 신들을 음란하게 섬기며 네 아들에게 그들의 신들을 음란하

게 섬기게 할까 함이니라 출 34:16

비록 율법은 모세를 통하여 공식화되었지만, 그 원리는 아브라함 시대에도 이미 존재하고 있었다. 아브라함 당시 가나안 족속 가운데 우상숭배가 왕성했다. 동시에 우상숭배에 동반하는 음란행위가 번성했다. 즉, 그들은 영적으로, 정신적으로, 양심적으로, 지성적으로, 육체적으로 온전하지 못한 민족이었다.

우상숭배는 영적인 문제인데 그것을 왜 정신적, 양심적, 지성적 문제로까지 비약하느냐고 어떤 이들은 질문할 것이다. 그러나 우상숭배의 영향력은 절대 단면적이지 않다. 종교는 한 개인의 삶의 일부분으로 제한될 수 없는 강한 영향력을 소유하고 있다. 이 사실을 꼭 명심해야 한다.

사람은 자신이 믿는 신을 최대한 이해하고자 노력한다. 자신이 믿는 신은 어떤 신인지, 그 신은 무엇을 기뻐하고 싫어하는지, 그 신의 주된 관심이 어디에 있는지, 그리고 그 신에게는 어떻게 접근해 나아가야 하는지에 대해서 깊이 생각하고 정의하게 되어 있다는 뜻이다.

이런 과정을 통해 탄생한 신학이 개인이나 사회의 가치 기준을 형성한다. 결과적으로 이렇게 창출된 가치 기준을 중심으로 사상, 철학, 교육, 문화, 예술 등이 구성된다. 따라서 영적 상태는 그 사회와 시대와 개인에 대해 상당히 많은 것을 말해줄 수 있다.

즉, 가나안 족속의 딸들 중에서 이삭의 아내를 선택하지 말라는 것은 이 축복의 가문에 참여할 수 있는 대상은 반드시 영적인 뿌리가 같아야 한다는 뜻이다. 정신적으로, 양심적으로, 지성적으로, 육체적으로 타락하지 않은 온전한 존재여야 한다는 것이다.

세상에 속하지 않은 신부

하나님께서는 그분의 아들 예수 그리스도를 위하여 여전히 지금도 이와 같은 기준으로 그 가문에 합당한 사람을 찾고 계신다. 이들은 혼탁한 세상에서 정확한 신앙관을 소유하고 있는 사람이다. 선택의 홍수 속에서도 가장 소중한 한 가지를 놓치지 않고 굳건히 지켜낼 수 있는 사람이다. 진리를 타협하는 것이 포용이라고 높이 평가되는 이 음란한 시대 가운데 홀로 서는 것이 두렵지 않은 용감한 사람이다. 세상의 강력한 풍조에 역류하여 하늘에 속한 시민으로 끝까지 살아내는 사람이다.

그렇다! 이들은 영적으로, 정신적으로, 양심적으로, 지성적으로, 육체적으로 더럽혀지지 않은 순전한 사람이다. 이런 사람이야말로 그리스도와 연합할 수 있다! 그 축복의 가문에 참여할 수 있는 것이다.

우리는 참으로 혼란스러운 시대에 살고 있다. 이 시대의 현실들을 보고 있는가? 정신적, 정서적으로 병든 사람들이 급증하고 있다. 심각한 분노조절장애나 우울증, 악성 범죄가 많아지고 있다.

양심이 화인 맞아 부끄러운 줄 모르는 시대가 되어가고 있다. 흉한 말, 더러운 행동, 단정하지 못한 복장, 건전하지 못한 인간관계, 책임감 없는 모습, 흡연, 음주, 사치, 허세, 그리고 부도덕한 직업에 대한 수치심도 제대로 느끼지 못하는 뻔뻔함이 가득하다.

이 시대의 지적인 면은 어떠한가? 앞뒤가 안 맞는 어설픈 논리로 가득한 시대 아닌가? 여러 언론과 SNS, 인터넷 어딘가에서 들은 어설픈 지식들로 그럴듯하게 포장하여 나열하는 사람들이 너무 많다. 내용 없는 고상함을 추구하는 시대라고 할 수 있을 것 같다.

있는 체하며 와인잔을 손에 들고 철학과 예술과 문화를 말하지만, 그 영혼 깊은 곳에서 흘러나오는 어설픔과 천박함은 절대로 감추지 못한다. 실로 겉모양만 번듯한 결함 많은 지성의 시대 아닌가? 죄를 인권이라고 포장하여 정당화시키는 이기주의적인 논리와 지성이라는 이름으로 창조주를 부인하는 모순이 그러한 결함투성이 지성의 예라고 할 수 있다.

육체적으로는 어떤지 말하지 않아도 이미 잘 알고 있으리라. 우리가 사는 이 시대가 순결이나 거룩과 얼마나 거리가 먼지 생각해보라. 과연 그리스도의 복된 가문에 어울리는 존재인지 심각하게 고민해보길 바란다.

사도 바울은 이렇게 권면한다.

너희는 이 세대를 본받지 말고 오직 마음을 새롭게 함으로 변화를 받

아 하나님의 선하시고 기뻐하시고 온전하신 뜻이 무엇인지 분별하도록 하라 롬 12:2

사도 요한은 그 가문에 참여한 이들에 대하여 다음과 같이 소개한다.

그 옷을 더럽히지 아니한 자 몇 명이 네게 있어 흰 옷을 입고 나와 함께 다니리니 그들은 합당한 자인 연고라 계 3:4

더 나아가 요한계시록 14장 4절에서는 이렇게 기록하고 있다.

이 사람들은 여자와 더불어 더럽히지 아니하고 순결한 자라 어린양이 어디로 인도하든지 따라가는 자며 사람 가운데에서 속량함을 받아 처음 익은 열매로 하나님과 어린양에게 속한 자들이니 계 14:4

믿음의 유산을 온전히 전달할 수 있어야 한다

가나안 족속의 딸들 중에서 그 아들의 아내를 선택하는 것을 금지한 또 한 가지 이유가 있다. 당시에는 학교가 아닌 가정에서 교육이 이루어졌기 때문이다. 가정에서 영적인 바탕이 온전히 세워지지 않으면 강건한 정신과 양심과 지성과 육신이 설립될 수 없었던 것이다. 그래서 하나님께서는 가정에 이 중대한 사명을 맡기셨다.

> 네 자녀에게 부지런히 가르치며 집에 앉았을 때에든지 길을 갈 때에든지 누워 있을 때에든지 일어날 때에든지 이 말씀을 강론할 것이며
> 신 6:7

가나안 족속 출신의 어미를 통하여 그 자손이 무엇을 배우겠는가? 그런 여인의 품에서는 하나님에 대한 지식과 하나님과의 언약의 중요성과 하나님께 받은 사명의 분명함과 하나님의 영광을 위한 가문이 나아갈 방향성에 대해서도 도저히 전달받을 수 없다.

비단 그 시절 이야기만은 아니다. 지금 우리만 보아도 그렇지 않은가? 신앙교육의 주된 바통이 가정에서 교회로 옮겨지면서 자녀들은 서서히 영적으로 죽어가기 시작했다.

수많은 부모가 바쁘다는 변명으로 부모 된 자신들의 책임을 회피했다. 자녀에게 어떻게 신앙교육을 시켜야 할지 모른다는 핑계로 주일학교 전도사에게, 교사에게 모든 책임을 전가했다. 교회의 주일학교 프로그램이 잘되어 있다는 이유로 자녀를 위한 생명을 건 기도를 중단하고 안일함을 선택했다. 결과적으로 자녀들의 그림자는 서서히 교회에서 사라지기 시작했다. 축복의 가문이 끊겨버리는 비극이 벌어진 것이다.

아브라함은 절대로 가나안 여인을 며느리로 맞이하지 않겠노라고 선포했다. 축복의 가문에 참여한다는 것에 대한 엄중함을 분명하게 인식하고 있었다는 사실을 알 수 있다.

신앙의 대열에 서는 이 특권의 소중함을 우리는 분명하게 인식하고 있는가? 받은 은혜의 중요성을 진정 알고 있는가? 그 은혜를 지켜내기 위하여 우리는 어디까지 가겠는가?

우리가 그 축복의 가문에 참여할 수 있도록 주님은 극단적인 예를 들어 말씀하셨다.

> 만일 네 오른 눈이 너로 실족하게 하거든 빼어 내버리라 네 백체 중 하나가 없어지고 온몸이 지옥에 던져지지 않는 것이 유익하며 마 5:29

즉, 성별된 백성으로서 세대를 본받지 않고 그리스도와 연합하여 하나님의 백성이 된다는 것은 만만한 일이 아니란 뜻이다. 각오와 희생이 요구된다. 아브라함에게 있어서 가나안 족속의 여인을 며느리로 받아들이는 것이 당장에는 더 유익할 수 있었다. 혼인과 동시에 이방 족속과 동맹 관계를 구축할 수 있었기 때문이다. 하지만 아브라함이 이런 순간적인 이익을 거절하고 고향으로 돌아가 아들의 아내를 구하게 했다는 것은, 그가 극단적인 방법을 선택했다고 할 수 있다.

은혜의 자손이어야 한다

가나안 족속의 딸들 중에서 그 아들의 아내를 선택하는 것을 금한 또 다른 이유는, 가나안 족속은 함의 자손이기 때문이다. 창세기 10장 15-19절을 보면, 가나안 족속의 족보가 간략하게 소개되어 있다. 그리고 20절에 다음과 같은 의미심장한 내용이 기록되어 있다.

"이들은 함의 자손이라 각기 족속과 언어와 지방과 나라대로였더라."

함이 어떤 인물인가? 함은 노아가 포도주에 취하여 잠들었을 때 노출된 아버지의 하체를 보고 비웃었던 자녀요, 결국 그로 인하여 저주받은 자였다.

> 가나안은 저주를 받아 그의 형제의 종들의 종이 되기를 원하노라
> 창 9:25

아담과 하와가 저지른 죄로 인하여 벌거벗은 것에 대한 인류의 수치스러움을 덮어주시기 위하여 이 땅에 오신 분이 예수 그리스도시다. 그렇다면 어찌 벌거벗은 것을 비웃었던 함의 후손이 이 축복의 가문에 참여할 수 있겠는가? 우리를 치욕에서 구원하시기 위하여 오신 분이 예수 그리스도시다. 그렇다면 어찌 우리의 치욕스러움을 정죄하는 함의 후손이 인류 구원을 위한 사명을 계승하겠는가!

수치를 지적하는 율법과 수치를 덮어주는 은혜는 절대로 한 가정이 될 수 없다. 먼 훗날 이삭의 가문에서 탄생한 예수 그리스도의 삶을 가장 가까운 곳에서 지켜본 베드로는 이렇게 말한다.

무엇보다도 뜨겁게 서로 사랑할지니 사랑은 허다한 죄를 덮느니라

벧전 4:8

No Returning(그리로 돌아가지 말라)

"내 아들을 그리로 데리고 돌아가지 말라!"

아브라함의 종이 임무를 수행하기 위해 주인의 고향인 메소보다미아로 돌아가서 이삭의 아내가 될 만한 여인을 발견했는데, '만약 그 여인이 가나안 땅으로 따라오지 않는다고 하면 어떻게 할까요?'라는 질문을 한다. 그러면서 "주인의 아들을 인솔하여 그 여인에게 갈까요?"라는 나름의 대안을 생각하여 묻는다. 그러나 아브라함의 답은 명확했다.

"내 아들을 그리로 데리고 돌아가지 아니하도록 하라"(창 24:6).

이것이 그 축복의 가문에 동참하기 위한 두 번째 조건이었다. 그 이유가 무엇인지 생각해보자.

우선 '이삭'이라는 그 아들의 상징을 바로 이해하는 것이 도움이 될 것이다. 이삭은 하나님의 약속의 아들이다. 그리고 아브라함 일가가 정착하게 된 가나안 땅은 약속의 땅이다. 아브라함은 하란에서 가나안으로, 또 가나안에서 애굽까지도 여행하였지만, 그 아들 이삭은 달랐다. 이삭은 가나안 땅을 떠난 적이 한 번도 없다.

심지어 이삭의 아들 야곱도 가나안 땅을 떠나 밧단아람으로 도망하여 삼촌 라반의 집에서 청춘을 보내고, 노후에는 그 아들 요셉

의 초청을 입어 애굽에서 인생을 마무리하게 된다. 그러나 약속의 아들인 이삭만큼은 한평생 약속의 땅을 떠나지 않았다는 사실을 기억하자. 그는 가나안에서 태어나서, 가나안에서 자라고, 가나안에서 살다가, 가나안에서 죽은 것이다. 언약의 상징인 이삭을 통해 전해지는 진리는 명백하다. 하나님의 약속은 변하지 않으며, 요동하지 않으며, 움직이지 않는다는 것이다.

약속의 자리에 가면 약속의 아들이 언제나 그 자리에서 자신의 신부를 기다리고 계신다. 이것은 신부의 편리를 배려하는 프러포즈가 아니다. 상황에 맞춰서 기준이 재편되거나, 조건이 바뀌거나, 약속이 수정되는 것도 아니다. 성경은 이렇게 말한다.

> 다른 이로써는 구원을 받을 수 없나니 천하 사람 중에 구원을 받을 만한 다른 이름을 우리에게 주신 일이 없음이라 하였더라 행 4:12

다른 방법을 동원할 수 없다는 뜻이다. 약속의 땅은 하나요, 약속의 아들도 한 분뿐이다. 요한복음 14장 6절에서는 약속의 아들이 이와 같이 자기 스스로를 소개하고 있다.

"…내가 곧 길이요 진리요 생명이니 나로 말미암지 않고는 아버지께로 올 자가 없느니라."

그렇다! 약속은 우리의 편의를 고려해주지 않는다. 은혜의 언약을 받기 위해서 우리는 그 길로 나아가야만 하는 것이다. 요한계시록 22장 13절에서는 이렇게 결론짓는다.

"나는 알파와 오메가요 처음과 마지막이요 시작과 마침이라."

한마디로 요약하면, 예수 그리스도가 "The Final Saying of God", 즉 '하나님의 마지막 한마디'라는 뜻이다. 구원에 대해서는 더이상 다른 말을 할 필요가 없다는 것이다. 예수 그리스도를 통한 구원에 있어서는 양보할 여지가 전혀 없다는 뜻이다.

약속의 아들은 절대로 약속의 땅을 떠나지 않는다. 이것은 양면성을 지니고 있는 소식이다. 이것이 하나님의 변경 불가능한 최종적인 조건이라는 사실을 인정하고 그에 순복하면, 그 영광스러운 가문으로 영접받을 것이다. 그러나 이 진리에 굴복하지 않는다면 어떤 방법으로도 그 축복의 가문에 참여할 수 없다는 엄격함을 기억하자.

하나님께서는 아브라함을 그 아버지의 집과 고향 땅에서 떠나게 하셨다. 그리고 주님은 아브라함에게 맹세하셨고, 결국 약속하신 대로 그에게 가나안 땅을 주셨다. 이것은 아브라함 가족 여러 세대에 걸쳐 성취하신 역사다. 그렇다면 이런 영광스런 현장으로 따라오기를 거부하거나 불편해하는 여인의 편의를 봐주시는 것이 어찌 말이 되겠는가!

아브라함은 그 약속에 동참할 신붓감을 하나님이 직접 찾아내실 것이라는 확신이 있었다. 그래서 그는 이렇게 고백했다.

> 그가 그 사자를 너보다 앞서 보내실지라 네가 거기서 내 아들을 위하여 아내를 택할지니라 창 24:7

한 번도 가보지 않은 곳으로, 한 번도 만나본 적 없는 남자와 결혼하기 위해 자기의 모든 것을 버리고 떠난다는 것은 결코 쉬운 일이 아니다. 유일하게 아는 것이라곤 신실한 종을 통하여 전해 들은 그 땅의 소식뿐이다.

따라서 그 종을 따라 신랑을 만나러 약속의 땅으로 나아간다는 것은 보통 사람으로서는 도저히 내릴 수 없는 결단이며 결정이었다. 그래서 아브라함의 고백은 더 확고했다. 하나님께서 그 영광의 가문에 참여할 대상을 손수 선택하여 보내주실 것이라는 믿음 말이다. 이 원칙에 대하여 우리 주님도 이렇게 정리해주셨다.

> 나를 보내신 아버지께서 이끌지 아니하시면 아무도 내게 올 수 없으니 오는 그를 내가 마지막 날에 다시 살리리라 요 6:44

더 나아가 사도 요한은 이렇게 말한다.

> 영접하는 자 곧 그 이름을 믿는 자들에게는 하나님의 자녀가 되는 권세를 주셨으니 이는 혈통으로나 육정으로나 사람의 뜻으로 나지 아니하고 오직 하나님께로부터 난 자들이니라 요 1:12,13

즉, 한 영혼이 예수 그리스도와 연합한다고 하는 것은 하나님께서 개입하여 이루어지는 기적이라는 뜻이다. 성령의 부르심에 반응하여 천성을 향한 여정에 걸음을 내디뎠다는 것은 하나님이 이끄셨다는 뜻이다. 이 얼마나 감격스러운 은혜인가!

영생은 개선이 아니다

우리는 '개선'과 '거듭남'(영생)의 차이를 알아야 한다. 우리는 여전히 예수 그리스도 이외의 것으로 그 영광스러운 가문에 참여할 수 있다고 착각할 때가 많은 것 같다.

예수님을 찾아온 부자가 주님께 한 질문을 거울로 우리 자신을 비추어 생각해보자.

"어떤 관리가 물어 이르되 선한 선생님이여 내가 무엇을 하여야 영생을 얻으리이까?"(눅 18:18)

이 부자 청년은 한평생 많은 것을 해왔다. 율법도 열심히 지켰다. 그러나 그는 무언가 부족하다는 느낌을 지우지 못하고 살아가고 있었다. 그러던 어느 날, 예수 그리스도의 소문을 접하게 되었다. 그가 전해 들은 예수라는 인물은 배경만 따져보았을 땐 그다지 대단한 사람은 아니었을 것이다. 나사렛 촌사람에, 일찍 아버지를 잃고 아버지의 뒤를 이어 오랫동안 목공 일을 했으며, 일찍부터 홀어머니를 모셔야 했던 어려운 가정환경 출신이었다.

하지만 그는 기적을 일으켰고, 그의 말씀에는 권세가 있었으며,

그의 모습에선 실로 기름 부음 받은 흔적이 느껴졌다. 이 부자는 오랫동안 무엇으로도 해결할 수 없었던 갈증을 이 사람이라면 시원하게 해갈시켜줄 것이라는 희미한 희망을 보게 되었다.

이와 같은 이유로 예수님을 찾은 부자는 무엇을 하여야 영생을 얻을 수 있느냐고 질문한다. 우리도 주님께 이렇게 접근하는 실수를 자주 저지른다.

'무엇을 해야 내가 채워지겠습니까? 무엇을 해야 내가 영적으로 성장하겠습니까? 내가 더 귀한 존재가 되기 위해 무엇을 더 해야 합니까?'

이런 질문들은 모두 '개선'을 말하고 있다. 그러나 '무엇을 하면 더 나아질 것인가'란 생각을 일단 내려놓아야 한다. 무언가 더 하면 구원에 더 가까이 다가갈 수 있다고 착각하는 큰 오해를 풀기를 바란다. '영생'은 '개선'이 아니다. 영생을 얻는다는 것, 즉 거듭난다는 것은 자신의 현재 상태에 무언가 더하여 더 나은 사람이 된다는 개념이 아니다. 주님과의 교제는 우리 자아를 업그레이드시키는 것이 아니라 오히려 십자가에 못 박아 죽이는 것으로 귀결된다. 개선이 아니라, 죽고 거듭나는 것이 영생이다.

은혜란 우리 삶의 부족한 부분을 메꿔주는 보충제가 아니라 우리 삶을 전적으로 덮어주는 하나님의 능력이다! 그렇다! 하늘의 영광스러운 가문에 합류한다고 하는 것은 절대 사람에게서 나는 것이 아니라 하나님께로 나는 기적이다. 그 나라의 아들과 연합하라는 명예스러운 초청을 겸손하게 받아들이고, 천성을 향해 나아가는 것이 우리의 임무이다.

She Must Follow(따라오는 여자를 택하라)

"이리로 따라오고자 하는 여자를 선택하라!"

와서 약속의 아들과 연합하라는 부르심을 받아들인 사람은 한 가지를 바라보고 약속의 땅을 향해 나아가게 된다. 그곳에 가서 얼굴과 얼굴을 맞대게 될 영원한 사랑의 대상에 대한 갈망이다. 자기의 모든 것을 내려놓고 혼인 잔치를 향하여 출발한다는 것은 부와 명예를 탐했기 때문이 아니다. 훌륭한 결혼 조건에 대한 욕심 때문도 아니다. 순간적인 감정과 감성 때문에 이러한 모험을 감행하는 것도 아니다.

얼굴도 보지 못한 신랑을 만나러 한 번도 가보지 않은 곳으로, 임무를 띠고 보냄받은 종이 이끄는 대로 모험을 시도하며 따라갈 수 있는 것은 신뢰가 있기 때문이다.

창세기 24장 34-49절에는 그 종이 자신이 보냄을 받기까지의 모든 상황에 대해 라반과 브두엘에게 설명하는 내용이 기록되어 있다. 자기를 보내신 주인이 어떤 분인지, 그 아들은 어떻게 태어났는지, 그리고 자신은 어떠한 특명을 띠고 여기까지 오게 되었는지에 대하여 이야기한다. 리브가도 이 말을 들었다. 그리고 위대한 결단을 하게 된 것이다.

전해 들은 내용을 생각해보니, 왠지 신뢰가 샘솟아 올랐다. 왠지 그 남자를 사랑할 수 있을 것 같았다. 그리고 그와 함께라면 하나님을 섬길 수 있을 것 같아서 위대한 결단을 하게 된 것이다.

예수 그리스도의 축복의 가문에 합류된다는 것에도 이와 같은 결단이 요구된다. 신뢰의 한걸음이 요구된다는 뜻이다.

> 그들이 이르되 우리가 소녀를 불러 그에게 물으리라 하고 리브가를 불러 그에게 이르되 네가 이 사람과 함께 가려느냐 그가 대답하되 가겠나이다 창 24:58

함께 가겠는가?

오늘 하나님의 영이 우리 심령에 이 질문을 던지신다면, 당신은 뭐라 대답하겠는가? 마지막 날, 어린양의 혼인 잔치에 들어가게 되는 신부는 이 질문에 반응하여 위대한 결단을 한 이들이다.

> 이 사람들은 여자와 더불어 더럽히지 아니하고 순결한 자라 어린양이 어디로 인도하든지 따라가는 자며 사람 가운데에서 속량함을 받아 처음 익은 열매로 하나님과 어린양에게 속한 자들이니 계 14:4

주님은 오늘도 이렇게 물어보신다.
"이 사람과 함께 가려느냐?"

나에게 보내주신 성령의 인도하심을 받아 하늘 왕국의 왕자와 연합하러 함께 가겠느냐는 질문이다. 이 질문은 부모가 대신 답해줄 수 없다.

"그들이 이르되 우리가 소녀를 불러 그에게 물으리라 하고…."

한 사람 한 사람이 개인적으로 직면하고 결단하고 각오해야 하는 부르심이다.

요즘은 지나치게 계산하는 시대가 되었다. 세상 사람들은 물론이고 많은 그리스도인들 역시 그렇다. 하나님의 종으로서 사역이나 진로의 방향을 정할 때도 계산이 따르는 것 같다. 많이 검색해보고, 자료를 수집하고, 성공 사례를 분석하고, 멘토를 찾아가 상의도 해본 후에 나아갈 길을 정한다.

그러나 기억하자. 이것은 우리에게 어울리지 않는 자세다. 물론 심사숙고하고, 따져보고, 살펴보는 태도가 필요한 부분이 있지만, 혹시 너무 신중하게 따져보다가 진정 그리스도인이라면 없어서는 안 될 야성을 잃어버린 것은 아닌지 스스로 진단해보기 바란다. 나에게 보내주신 성령님의 인도하심을 민감하게 받는 것, 내가 믿고 확신한 것을 위해 결단하는 것, 그 결정에 대한 책임과 결과를 각오하는 것, 그리고 천성을 향한 거룩한 모험을 시도하는 야성이 상실되어버린 것은 아닌가!

미국 메릴랜드주에 주님 안에서 너무나 사랑하는 가정이 있다. 나는 그 가정에 일 년에 한두 차례는 꼭 찾아가 그 가족들과 함께 말씀을 나누어왔다. 함께 모여 주님의 음성을 듣는 것도 큰 기쁨이었지만, 그들과 함께 교제를 나눌 수 있는 순간순간도 나에게 큰 위로였다.

언젠가 볼티모어 공항에 도착해서 마중을 나온 그 가족 분과 숙소로 이동하는 중에 나누었던 대화가 생생하게 기억이 난다.

"어니스트 섀클턴(Ernest Shackleton)에 대해서 아세요?"

나는 모른다고 대답했다. 그는 어니스트 섀클턴이 1901년부터 평생 네 번에 걸쳐 남극 탐험에 도전한 영국 해군장교라고 소개해주며 이야기를 이어갔다. 그가 팀을 꾸려 남극 탐험을 떠나기 전에 신문에 공고를 냈다고 한다. 그런데 그 공고의 내용이 너무나 도전적이다.

사람을 구합니다!
위험한 여정, 작은 임금, 쓰라린 추위, 완전한 어둠 속에서 지속될 수개월의 생활. 안전한 귀환은 장담하지 못합니다. 그러나 성공했을 때는 명예와 영광을 얻을 수 있습니다. 관심이 있으신 분은 이곳으로 문의 바랍니다.
어니스트 섀클턴, 벌링턴가 4번지.

전해지는 이야기에 따르면, 상상을 초월하는 숫자의 사람들이 이 위험한 모험에 합류하기 위해 지원했다고 한다. 안타깝게도 이 남극 탐험은 실패로 끝났다.

그러나 이보다 더 큰 비극이 있다는 사실을 아는가? 본향을 향한 우리의 여정은 분명히 성공으로 막을 내리게 되어 있다. 물론, 중간에 포기하지 않는다면 말이다. 끝까지 견디는 자는 구원을 얻으리라고 약속해주시지 않았는가! 뿐만 아니라 본향에서 얻을 명예와 영광은 남극에 깃발을 꽂는 것과는 비교할 수 없이 크다.

그러나 참된 비극은 이 모힘을 향한 부르심에 참으로 반응하는 자가 적다는 사실이다. 자신의 청춘을 걸어 승부에 임하는 젊은이가 너무나 적고, 세상적 실패를 감수하고 주님의 종답게 끝까지 달리는 사람을 찾아보기가 쉽지 않으며, 썩어 없어질 세상의 것들을 배설물로 여기며 영원한 본향에 시선을 고정하는 이가 드물다.

아버지께서 저를 귀히 여기시리라

배우자의 사랑을 받는 것도 당연히 소중하지만, 그 부모의 축복을 입으며 그 가정의 구성원으로 합류하는 것도 매우 중요하다. 결혼은 둘만의 문제로 끝나는 것이 아니기 때문이다. 특히, 영광의 가문에 참여하는 것은 결코 가벼운 절차가 아님을 알기 바란다.

이러한 모습을 아브라함이 이삭을 위하여 짝을 구하는 모습을 통하여 볼 수 있다.

우선, 그는 가나안 민족의 여인은 안 된다고 단호하게 말했다. 영적으로, 정신적으로, 지성적으로, 그리고 육체적으로 순결해야 한다는 뜻이다.

둘째로 약속으로 나아오는 여인이어야 한다는 조건을 내세운다. 자신이 있는 곳으로 신랑 될 이삭을 부르는 것이 아니라 약속의 아들이 있는 약속의 땅으로 가고자 하는 모험을 결단하는 사람이어야 함을 확인할 수 있다. 마지막으로 따라오는 여인을 찾고 있다. 한 번도 가보지 않은 곳이라고 하여도, 신랑이 있는 곳이라면 그곳으로 나아올 수 있는 여인이다. 이것은 신뢰를 의미한다. 그리고 그 여인의 동기는 남편을 통하여 오는 어떠한 안락한 생활이 아닌 남편 자체가 목적지가 되었음을 말해주는 것이다.

이미 앞에서 살펴보았듯이 이것은 단순히 이삭과 리브가의 혼인 과정에 대한 이야기로 끝나는 것이 아니다. 사도 바울은 말한다.

> 그러므로 사람이 부모를 떠나 그 아내와 합하여 그 둘이 한 육체가 될지니 이 비밀이 크도다 나는 그리스도와 교회에 대하여 말하노라
> 엡 5:31,32

그렇다! 이것은 약속의 아들 예수 그리스도와 연합하는 우리의 모습을 상징한다. 이 땅에 오신 약속의 아들 예수 그리스도의 가문에 합류한다는 것에 대해 이야기하고 있는 것이다. 누가 이 축복의 가문에 동참할 수 있을까?

그는 순결한 자다.

"이 사람들은 여자와 더불어 더럽히지 아니하고 순결한 자라"(계 14:4).

그는 약속으로 나아오는 자다. 자신의 상황에게 맞추어 약속을 편리하게 변질시키는 것이 아니라, 불편하고 불리한 진리를 기쁨으로 환영하며 그 앞에 굴복하는 것이다.

그는 어린양을 따르는 자다.

"어린양이 어디로 인도하든지 따라가는 자며… 하나님과 어린양에게 속한 자들이니…"(계 14:4).

언약의 아들에 대한 소식만 듣고도 이 거룩한 모험에 나선 리브가와 같이, 우리에게도 이와 같은 결단이 요구된다. 아직은 그분의 형상이 거울로 보는 것같이 희미하게밖에 보이지 않는다. 그러나 우리는 그분에 대한 소식을 수많은 종을 통하여 전해 들었다. 그리고 하나님께서 보내신 성령께서 예수 그리스도에 대하여 가장 정확하게 증거해주셨다. 그래서 우리는 그분을 아직 보지는 못하였지만 이미 사랑하게 되었다.

> 예수를 너희가 보지 못하였으나 사랑하는도다 이제도 보지 못하나 믿고 말할 수 없는 영광스러운 즐거움으로 기뻐하니 벧전 1:8

그분은 나를 구하기 위하여 천국 보좌와 영광을 다 버리시고, 아버지의 품을 떠나 이 땅에 오신 하나님이시다. 그분은 좁은 길을 십자가를 지고 홀로 걸으셨다. 그러나 그분은 죄와 사망의 권세를 이기시고 부활하신 참된 왕이시다. 그분은 우리를 무사히 천성에 입성하게 하기 위하여 지금도 중보하시는 분이시다. 그분은 하늘나라의 주인이시며, 동시에 그 영원한 왕국의 자랑과 보화이시요, 모든 예배의 주제이시며, 아버지 하나님께서 사랑하시는 자요 기뻐하시는 자다. 어찌 그분을 사모하지 않을 수가 있으리!

비록 지금은 얼굴과 얼굴을 맞대고 보지는 못하나, 한 가지는 분명하게 확신할 수 있다. 본향으로 가는 이 거룩한 여정을 선택한다면, 언젠가 나는 그분을 볼 것이고, 그분의 품에 안길 것이며, 그리고 그분과 함께 영원토록 함께할 것이라는 사실이다. 뿐만 아니라 이러한 우리를 아버지 하나님께서도 그분의 영원한 왕국으로 환영하실 것이다!

> 사람이 나를 섬기려면 나를 따르라 나 있는 곳에 나를 섬기는 자도 거기 있으리니 사람이 나를 섬기면 내 아버지께서 그를 귀히 여기시리라 요 12:26

◇◇◇

나의 달려갈 길을 모두 다 마치고
우리 주님 계신 곳에 거할 때
희미하게 보던 모든 것 사라지고
우리 주님과 얼굴을 맞대어 볼 때

주가 맡긴 나의 일 모두 다 마치고
나의 믿음의 경주를 끝낼 때
모든 아픔 걱정 외로움 사라지고
우리 주님 안에 참 기쁨을 누릴 때

사랑하는 주님과 그 영원한 나라에서
그날이 오면 난 편히 쉬리
그 나라에서 그 나라에서
어떠한 아픔도 어떤 눈물도 없는
그 나라에서 그 나라에서
주 날개 밑에서 난 편히 쉬리
그 나라에서 그 나라에서
그날엔 주를 밝히 보고 주와 함께 거닐며
그 나라에서 그 나라에서 그 나라에서

그 나라에서, Lionel Lee

에필로그

보라 이제 나는 성령에 매여 예루살렘으로 가는데

거기서 무슨 일을 당할지 알지 못하노라

오직 성령이 각 성에서 내게 증언하여 결박과 환난이 나를 기다린다 하시나

내가 달려갈 길과 주 예수께 받은 사명

곧 하나님의 은혜의 복음을 증언하는 일을 마치려 함에는

나의 생명조차 조금도 귀한 것으로 여기지 아니하노라

사도행전 20:22-24

우리에게는 아직도 가야 하는 길이 남아 있다. 그 길은 앞으로 가면 갈수록 더 험해지고 좁아진다. 그러나 끝까지 포기하지 않고 가는 자들만이 언젠가 거룩한 땅에 우뚝 서게 될 것이다.

마태복음 24장에서 우리는 역사의 흐름과 더불어 점진적으로 확대되고 거세질 환난에 대해 알려주시는 주님의 음성을 들을 수 있다. 만만치 않은 내일이 우리 앞에 다가올 것이 확실하다. 그러나 주님은 분명히 선언하셨다.

> 끝까지 견디는 자는 구원을 얻으리라 마 24:13

　우리는 새로운 기대와 흥분과 꿈을 가지고 2020년을 시작했다. 그러나 우리의 모든 계획이 아무것도 아니란 사실을 뼈저리게 깨닫는 데까지는 그리 오래 걸리지 않았다. 코로나19는 순식간에 온 세상을 마비시켰다. 그리고 사람들은 불안해하고 답답해했다. 내려놓기 싫은 삶의 계획과 지장 받고 싶지 않은 일상과 무기력한 자신의 상태를 인정하고 싶지 않은 자아로 인해 좀처럼 마음을 다스리기가 쉽지 않았다.
　그러나 기억하길 바란다. 코로나 사태는 시작에 불과하다는 사실을! 내일은 환난이지, 평안이 아니다. 주님이 이 땅에 다시 오시는 그날까지 세상은 끊임없는 진통을 경험하게 될 것이다.
　이러한 상황 속에서도 우리는 가야 하는 길을 절대 포기해서는 안 된다. 우리의 목적지는 여전히 그대로다. 우리는 영원한 본향을 향하여 나아가는 나그네와 행인이다. 그리고 이 세상을 떠나는 마지막 순간까지 아름다운 소식을 증거해야 하는 특명을 받은 사명자다. "때를 얻든지 못 얻든지" 항상 복음 전파에 힘써야 하는 것이 우리의 임무다(딤후 4:2). 마지막 시대에 환난이 거세진다 할지라도 우리는 결코 이 일을 중단할 수 없다. 우리는 반드시 땅끝까지 가야만 한다.

장기화된 코로나 사태는 우리에게 구조조정을 단호히 요구한다. 살아남기 위하여 우리가 가지고 있었던 여러 가지 틀을 바꿔야만 하는 때가 온 것이다. 지금까지 알고 있었던 형태가 하루아침에 통하지 않게 되었기 때문이다.

결과적으로 예배는 대면에서 비대면으로 전환되었다. 교회의 예산도 다시 검토하여 조율할 수밖에 없게 되었다. 지금까지 익숙했던 사역의 형태도 더 이상 통하지 않는 시점에 도달했다. 이런 상황 가운데, 우리는 이제 어찌 해야 한단 말인가?

우선, 잡아야 할 것과 가지치기할 것을 정해야 한다. 본질을 단단히 움켜잡고 비본질적인 모든 것을 내려놓을 각오를 하자. 끝까지 지켜내야 할 것이 무엇인지 분명히 알고, 반대로 시대에 맞춰 변할 수 있는 것들은 과감히 받아들이자.

그리고 결심해야 한다. 비록 형태는 변할지라도 결코 우리의 예배는 멈추지 않을 것이라고!

단체로 모여서 예배하지 못하면 두세 사람이 주의 이름으로 모이면 그곳에 주님이 함께 계신다고 약속하셨던 사실을 기억하라! 지상에서 예배하지 못하면 지하에서 예배하면 되지 않겠는가! 사역도 마찬가지다. 예전처럼 강단에서 마음껏 외치지 못한다 하더라도 문서로 주님을 전할 수 있지 않겠는가! 온 세계를 다니며 교회를 강건하게 하는 일은 중단한다 할지라도 옥중에서 서신으로 수많은 형제자매를 견고히 세운 사도 바울을 기억하자.

'가야 하는 길'은 내가 선교사로 파송받은 후, 대한민국 강단에서 처음으로 했던 설교 제목이다. 마음과 몸을 쏟아부어 외쳤던 것이 바로 엊그제 같은데, 어느새 14년이란 시간이 흘렀다. 그 사이에 세상과 나는 많이 변했다. 하지만 한 가지는 그대로다. 나의 목적지는 여전히 변함 없다. 본향을 향한 나의 여정은 아직도 지속되고 있다.

지금까지도 본향을 향해 나아가는 길목에서 나의 발걸음에 거추장스러운 것들을 수없이 내려놓았다. 그 안에는 정말 갖고 싶은 것도 있었고, 하나님께 떼를 쓰더라도 소유하고 싶은 것도 있었다. 그러나 언젠가 '저 높은 곳'에 서는 날 나에게 부끄러움이 될 만한 것은 아프더라도 잘라냈다. 그리고 나는 여전히 땅끝을 향해 가고 있다.

환경과 조건과 상황이 어떠하든지 나의 관심은 한 가지다. 어떻게 하면 복음을 정확하게, 그리고 영향력 있게 전할 수 있을까 하는 고민이다. 나의 생명이 다하는 그날까지 주님의 대변자(mouthpiece)로 쓰임받고 싶다는 간절함이다.

마지막으로 '가야 하는 길'이란 설교를 마무리하며 당시 외쳤던 글의 한 부분을 나누고 싶다. J. I. 패커는《Knowing God》에서 J. C. 라일의 글을 다음과 같이 인용했다. 지나온 14년간 여러 가지 변화와 실수와 고난 속에서도 나에게 길잡이가 되어준 글이다.

주님이 요구하시는 우리의 마음은, 하나님만을 만족시켜드리기를 원하는 불타는 열정이다. 그것은 주님의 뜻만을 이루어드리는 것, 주의 영광을 세계 구석구석에 수단과 방법을 가리지 않고 퍼뜨리는 것이다.

이 강한 열정이 진실로 그 사람을 다스리기 시작한다면 그 사람으로 하여금 모든 것을 희생하게 한다. 어떤 어려움 앞에도 굴복하지 않고, 모든 것을 부인하게 만들며, 고난을 겪으며, 하나님의 영광만을 위해 일하게 한다.

열정 있는 자는 즉 한 가지의 사람이다. 단순히 그를 '좋은 사람이다, 성실한 사람이다, 타협하지 않는 사람이다, 꼼꼼한 사람이다'라고 평가하는 것은 불충분하다. 그는 한 가지만 바라보는 사람이다. 그는 한 가지에만 관심을 갖는 사람이다. 그는 한 가지만을 위해 사는 사람이다. 그는 한 가지에만 지배당하는 사람이다.

그 한 가지란 하나님을 기쁘게 하는 것! 열정 있는 그는 살든지 죽든지, 건강하든지 병약하든지, 부유하든지 가난하든지, 사람들이 좋아하든지 싫어하든지, 지혜롭다고 여겨지든지 어리석다고 여겨지든지, 칭찬받든지 정죄당하든지, 높아지든지 낮아지든지… 이 모든 것에 개의치 않는다. 그는 한 가지만을 위해 불타오르고 있다. 그 한 가지란 하나님을 기쁘게 하는 것, 하나님의 영광을 퍼뜨리는 것이다. 이 불길 가운데 자신이 소멸된다 하여도 그는 두려워하지 않는다. 그는 이것으로 만족한다.

그의 섬김은 시간과 공간의 지배를 받지 않는다. 만약 복음을 선포하지 못하며, 일하지 못하며, 돈을 베풀지 못하게 될 경우, 그는 울음과 애통과 기도로 섬길 것이다.

만약 여호수아와 함께 계곡에서 싸우지 못할 경우 그는 언덕에서 모세와 아론과 훌의 사역을 감당할 것이다. 만약 홀로 남겨진다면 그는 다른 곳에서 도움이 올 때까지 그 땅을 꿋꿋이 외롭게 지킬 것이다. 이것이 증인의 열정이다.

당신은 한 가지의 사람인가? 당신은 주님만을 섬기고 있는가? 당신의 발걸음은 한 방향만을 향하고 있는가?
 우리에게는 가야 하는 길이 있다. 눈 깜빡하면 지나가는 세월 속에서 당신은 무엇을 얻길 원하는가!

가야 하는 길

초판 1쇄 발행	2020년 11월 18일
초판 4쇄 발행	2020년 12월 24일

지은이	다니엘 김		
펴낸이	여진구		
책임편집	이영주 김윤향		
편집	최현수 안수경 최은정 김아진 정아혜		
책임디자인	마영애 조은혜 ǀ 노지현 조아라		
기획·홍보	김영하	해외저작권	기은혜
마케팅	김상순 강성민 허병용	마케팅지원	최영배 정나영
제작	조영석 정도봉	경영지원	김혜경 김경희

303비전성경암송학교 유니게과정 박정숙 최경식
이슬비전도학교 / 303비전성경암송학교 / 303비전꿈나무장학회 여운학

펴낸곳	규장

주소 06770 서울시 서초구 매헌로 16길 20(양재2동) 규장선교센터
전화 02)578-0003   팩스 02)578-7332
이메일 kyujang0691@gmail.com   홈페이지 www.kyujang.com
페이스북 facebook.com/kyujangbook   인스타그램 instagram.com/kyujang_com
카카오스토리 story.kakao.com/kyujangbook
등록일 1978.8.14. 제1-22

ⓒ 저자와의 협약 아래 인지는 생략되었습니다.
이 출판물은 저작권법에 의해 보호를 받는 저작물이므로 무단 전재와 무단 복제를 할 수 없습니다.

본문에 'Mapo꽃섬' 체가 사용되었습니다.

책값 뒤표지에 있습니다.
ISBN 979-11-6504-149-6 03230

이 도서의 국립중앙도서관 출판시도서목록(CIP)은 서지정보유통지원시스템 홈페이지(http://seoji.nl.go.kr)와
국가자료종합목록구축시스템(http://www.nl.go.kr/kolisnet)에서 이용하실 수 있습니다.
(CIP제어번호 : CIP2020047991)

규 ǀ 장 ǀ 수 ǀ 칙

1. 기도로 기획하고 기도로 제작한다.
2. 오직 그리스도의 성품을 사모하는 독자가 원하고 필요로 하는 책만을 출판한다.
3. 한 활자 한 문장에 온 정성을 쏟는다.
4. 성실과 정확을 생명으로 삼고 일한다.
5. 긍정적이며 적극적인 신앙과 신행일치에의 안내자의 사명을 다한다.
6. 충고와 조언을 항상 감사로 경청한다.
7. 지상목표는 문서선교에 있다.

하나님을 사랑하는 자 곧 그의 뜻대로 부르심을 입은 자들에게는 모든 것이 합력하여 善을 이루느니라(롬 8:28)

규장은 문서를 통해 복음전파와 신앙교육에 주력하는 국제적 출판사들의
협의체인 복음주의출판협회(E.C.P.A:Evangelical Christian Publishers
Association)의 출판정신에 동참하는 회원(Associate Member)입니다.